高等学校试用教材

道路桥梁与渡河工程专业实验教学指导丛书

Jiaotong Gongcheng Fence
交通工程分册

马书红　邵海鹏　邓亚娟　主编

人民交通出版社

内 容 提 要

本分册包括两大部分:课程相关的实验(实习)和课程设计(含上机)。实验项目包括:交通调查与分析(交通量调查、车速调查、密度调查、通行能力调查、延误调查、OD调查、停车调查),道路交通环境工程(汽车废气排放量与行驶状态、汽车废气排放物的扩散、交通噪声源的测试、交通噪声水平与垂直分布、道路布局与交通污染)等;课程设计项目包括:交通规划、交通工程设计、轨道交通设计等;另有交通工程CAD和交通仿真上机指导。

本书可供道路桥梁与渡河工程、交通工程专业以及土木工程专业的本、专科道路交通工程实习教学使用,也可作为设计人员从事交通工程设计和调查的参考。

图书在版编目(CIP)数据

道路桥梁与渡河工程专业实验教学指导丛书. 交通工程分册/马书红等主编. —北京:人民交通出版社,2008.11
ISBN 978-7-114-07269-7

Ⅰ.道… Ⅱ.马… Ⅲ.①道路工程-高等学校-教学参考资料②桥梁工程-高等学校-教学参考资料③交通工程-高等学校-教学参考资料 Ⅳ.U41 U44

中国版本图书馆CIP数据核字(2008)第101930号

书　　名:道路桥梁与渡河工程专业实验教学指导丛书
　　　　　交通工程分册
著 作 者:马书红　等
责任编辑:丁润铎
出版发行:人民交通出版社
地　　址:(100011)北京市朝阳区安定门外外馆斜街3号
网　　址:http://www.ccpress.com.cn
销售电话:(010)59757969,59757973
总 经 销:北京中交盛世书刊有限公司
经　　销:各地新华书店
印　　刷:北京鑫正大印刷有限公司
开　　本:787×1092　1/16
印　　张:5.25
字　　数:128千
版　　次:2008年11月　第1版
印　　次:2008年11月　第1次印刷
书　　号:ISBN 978-7-114-07269-7
总 定 价:36.00元

前　言

为了适应交通运输业对交通规划、交通土建、交通管理和控制等高级专业人才的需要，我国自20世纪80年代以来在高等院校相继成立了交通工程专业。交通工程专业具有较明显的交叉学科特征，大量涉及了数学、土木工程、计算机及通信工程、环境工程等多学科领域的相关理论和知识。同时，交通工程专业也是一个实践性较强的专业，本科教学中必须加强学生的动手能力和实际操作技能，因此亟须一本专门针对交通工程专业相关课程实验（实习）、课程设计等的指导书。

本书实验（实习）项目是在参考了长安大学公路学院课程实验设置的基础上，吸收了我国开设交通工程专业的主要高校的实验（实习）教学经验，并结合了交通工程专业学生就业和用人单位的人才需求状况进行编写的。实验中重点培养学生的实际动手能力，强调理论与实践相结合。本书包括两大部分：课程相关的实验（实习）指导书和课程设计（含上机）指导书。实验项目包括：交通调查与分析（交通量调查、车速调查、密度调查、通行能力调查、延误调查、OD调查、停车调查），道路交通环境工程（汽车废气排放量与行驶状态、汽车废气排放物的扩散、交通噪声源的测试、交通噪声水平与垂直分布、道路布局与交通污染）等；课程设计项目包括：交通规划、交通工程设计、轨道交通设计等；另有交通工程CAD和交通仿真上机指导。实验中重点介绍各实验项目的内容和要求，力求体现相关工程设计规范的最新要求和交通科技的发展水平，具有很强的指导意义。

本书《交通调查与分析》实验指导、《交通工程》实习和毕业实习指导由马书红编写，《道路交通环境工程》实验指导和课程设计指导由邵海鹏编写，交通工程CAD和交通仿真上机指导由邓亚娟编写，全书由马书红统稿。

在本书编写过程中，长安大学王建军教授提出了许多宝贵意见，在此深表感谢！本书的编写得到了长安大学公路学院的支持，交通工程系的各位老师也提供了相关的实验（实习）资料，在此深表感谢！本书编写过程中参考了国内外大量的文献资料，未能一一列出，在此向这些文献的作者表示感谢！本书出版过程中，人民交通出版社的同志付出了大量的劳动，在此表示深深地感谢！

鉴于编者理论水平和教学水平有限，本书一定还有许多不妥甚至错误之处，敬请读者指正！

编　者

2008年6月

目　录

第一部分 实验(实习)指导

第一章 《交通调查与分析》实验指导

一、实验课名称:交通调查与分析(Traffic Survey & Analysis)

二、实验课性质:非独立设课

三、适用专业:交通工程

四、采用教材:《交通调查与分析》(王建军、严宝杰,人民交通出版社)

五、课程学时

课程总学时:50;学分:3;实验课学时:14。

六、实验项目名称和学时分配(表1-1)

表1-1

序号	实验项目名称	学时分配	实验类别	实验类型	实验者类型	必开/选开
1	交通量调查	2	专业类	验证	本科生	必开
2	车速调查	2	专业类	验证	本科生	必开
3	密度调查	2	专业类	验证	本科生	必开
4	路段延误调查	2	专业类	验证	本科生	必开
5	交叉口延误调查	2	专业类	验证	本科生	必开
6	停车场调查	2	专业类	验证	本科生	必开
7	OD 调查	2	专业类	综合	本科生	必开

七、实验教学目的和要求

交通调查是交通工程学科的一个重要组成部分,交通工程的发展在一定程度上依靠交通调查工作的开展和数据资料的积累与利用。交通调查是一项十分平凡、工作量大,而又非常重要的基础工作。

实验教学的目的就是使学生熟悉各类交通调查的实际内容和过程,同时培养学生吃苦耐劳的精神和培养从事交通工程的工程师的职业道德。通过实验教学,要求学生掌握相关仪器的使用方法和数据处理的常用方法,并具备外业相互配合的团体精神和内业踏实谨慎的工作能力。

八、实验课程考核方式

根据实验过程及内业处理情况综合评定,实验课实验成绩占《交通调查与分析》课程总成绩的20%。

第一节　交通量调查

一、实 验 目 的

掌握交通量调查的基本方法（人工计数法），掌握进行交通调查的基本技巧，通过实施调查学会车型的分类与辨识，掌握交通量数据的分析与处理方法，并初步建立起有关交通量变化分布的概念。

二、实 验 内 容

设计交通量调查记录表；分方向、分车道、分车型调查路段交通量；分析整理调查数据，获得基本的交通量分布特性。

三、实验条件及要求

要求调查日调查区域内生活平稳，无重大政治、经济、体育活动。

四、实验设计及实施指导

1. 调查的时间和地点

依据调查目的，确定调查的时间和范围，可设定调查时间为高峰时期和非高峰时期两个时段。对城市道路来说，早高峰一般在 7:00 ~9:00 之间，晚高峰一般在 17:00 ~19:00 之间，且对不同的城市是不完全相同的。调查地点应选在视距良好，地势平坦且距离交叉口 300m 以上的断面。

2. 人员分工

根据车道分布的具体情况进行分组，原则上每个车道都应有 1 人观测；在人员紧张、交通量不大的情况下，每人可以观测多个车道，但每人观测的车道数不应大于 3 个。

3. 调查表格设计

表格应主要考虑调查车型和调查时段两个因素，并注意对调查环境的记录，设计样表参考格式见表 1-2。

交 通 量 调 查 表　　　　表 1-2

调查路段名称：　　　　车辆行驶方向：　　　　调查人：

调查时间：　　　　调查地点：　　　　天气：

<table>
<tr><td colspan="2" rowspan="2">时　间</td><td colspan="3">客　　车</td><td colspan="5">货　　车</td><td rowspan="2">其他</td></tr>
<tr><td>小客</td><td>中客</td><td>大客</td><td>小货</td><td>中货</td><td>大货</td><td>拖挂</td><td>集装箱</td></tr>
<tr><td rowspan="8">8:00</td><td>00 ~05</td><td></td><td></td><td></td><td></td><td></td><td></td><td></td><td></td><td></td></tr>
<tr><td>05 ~10</td><td></td><td></td><td></td><td></td><td></td><td></td><td></td><td></td><td></td></tr>
<tr><td>10 ~15</td><td></td><td></td><td></td><td></td><td></td><td></td><td></td><td></td><td></td></tr>
<tr><td>15 ~20</td><td></td><td></td><td></td><td></td><td></td><td></td><td></td><td></td><td></td></tr>
<tr><td>20 ~25</td><td></td><td></td><td></td><td></td><td></td><td></td><td></td><td></td><td></td></tr>
<tr><td>25 ~30</td><td></td><td></td><td></td><td></td><td></td><td></td><td></td><td></td><td></td></tr>
<tr><td>…</td><td></td><td></td><td></td><td></td><td></td><td></td><td></td><td></td><td></td></tr>
<tr><td></td><td></td><td></td><td></td><td></td><td></td><td></td><td></td><td></td><td></td></tr>
</table>

4. 确定调查方法

交通量调查常见的方法有人工计数法、机械计数法、视频检测法等，本次调查使用人工计数法。

人工计数法就是调查员在道路路段(或交叉口引道)一侧进行现场观测，并在调查表中对观测到的车辆情况进行记录。记录时，可采用画“正”的方法，也可采用简单计数器的方法进行记录。

5. 注意事项

(1)调查是在路边观测，要注意安全第一，不要随意走动。

(2)调查时，各调查员应保持同步，以保证调查数据的有用性。

(3)注意保管好调查数据。

6. 提交的资料

(1)调查表格原始记录一份。

(2)分车道、分车型、分时段的交通量汇总表。

(3)交通量分布特征：

其包括方向分布系数 k_d、车道分布系数、高峰小时系数 PHF(PHF_5，PHF_{10}，PHF_{15})、交通组成(即车型比例)；按标准车进行折算后的方向分布系数、车道分布系数、高峰小时系数(PHF_5，PHF_{10}，PHF_{15})。

$$K_d = \frac{\text{主要方向行车交通量}}{\text{双向总交通量}} \times 100\%$$

$$PHF = \frac{\text{高峰小时交通量}}{\text{扩大的高峰小时交通量}} \times 100\%$$

$$PHF_5 = \frac{\text{高峰小时交通量}}{12 \times 5\ \text{分钟最高交通量}} \times 100\%$$

$$PHF_{15} = \frac{\text{高峰小时交通量}}{4 \times 15\ \text{分钟最高交通量}} \times 100\%$$

(4)交通量分布图。

五、思 考 题

1. 单一的交通量指标是否能反映路上车辆的多少?
2. 如何合理的划分车型?
3. 在公路上和城市道路上进行路段交通量调查有什么不同?

六、实验成绩评定办法

采用百分制，具体考核形式如下：

1. 现场考核

认真的完成现场调查任务占60%。

2. 书面考核

数据处理结果和实验报告的完成质量、撰写水平等占40%。

第二节　车 速 调 查

一、实 验 目 的

掌握车速调查的基本方法及调查的基本技巧；学会正确地使用雷达测速枪进行地点车速的测量；学会车速调查资料的整理与分析，能够利用拟合检验分析车速的分布特征。

二、实 验 内 容

设计车速调查记录表，使用雷达枪调查地点车速，分析整理调查数据。

三、实验条件及要求

要求调查日调查区域内生活平稳，无重大政治、经济、体育活动。

四、实验设计及实施指导

1. 调查的时间和地点

依据调查目的，确定调查的时间和范围，可设定调查时间为高峰时期和非高峰时期两个时段。对城市道路来说，早高峰一般在 7:00～9:00 之间，晚高峰一般在 17:00～19:00 之间，且对不同的城市是不完全相同的。调查地点应选在视距良好，地势平坦且距离交叉口 300m 以上的断面。

2. 人员分工

根据具体的车道分布情况进行分组，原则上每个车道都应安排 2 人，其中 1 人观测，另 1 人记录。

3. 调查表格设计

设计样表可参考表 1-3、表 1-4 的格式。

车速调查表 1（雷达枪测速法）　　表 1-3

调查路段名称：　　车辆行驶方向：

调查时间：　　调查地点：　　天气：　　调查人：

序号	车型分类							
	小客	中客	大客	小货	中货	大货	拖挂	集装箱
1								
2								
3								
4								
5								
6								
…								
…								

注：表中空格记录对应车型下车速数据。

车速调查表 2(雷达枪测速法)　　表 1-4

调查路段名称：　　车辆行驶方向：

调查时间：　　调查地点：　　天气：　　调查人：

序号	车　型	速度测量值	序号	车　型	速度测量值
1			21		
2			22		
3			…		
4			…		
5					
6					
…					

注：车型需事先明确，并确定车型代码，如小客车：1；大客车：2 等。

4. 确定调查方法

地点车速调查常见的方法有人工测速法、雷达枪测速法、道路检测器法、视频检测法等，本次调查使用雷达枪法进行测速。该方法是现代交通管理中常用的一种方法，其原理是多普勒效应，应用时只要用测速雷达瞄准前方被测车辆，即能读出该车辆的瞬时车速。

调查时，调查员一般站在路边，手持雷达枪进行相关操作。具体观测位置可参考图 1-1。

5. 注意事项

(1) 调查是在路边观测，要注意安全第一，不要随意走动。

(2) 调查时，观测方向与车流方向夹角不应大于 5°，以保证调查精度。

(3) 注意保管好调查数据。

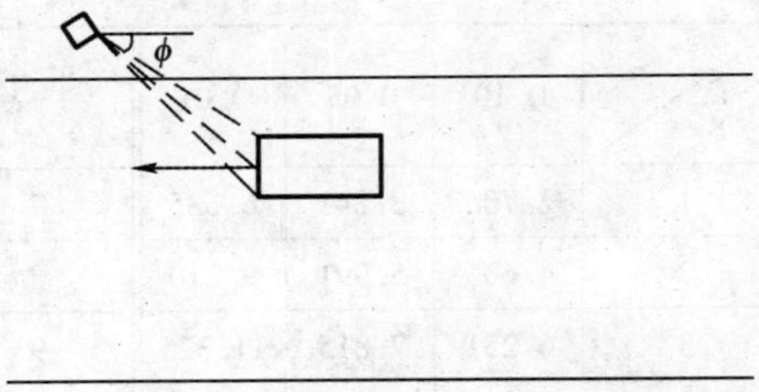

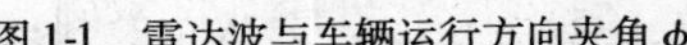

图 1-1　雷达波与车辆运行方向夹角 ϕ

6. 提交的资料

(1) 调查表格原始记录一份。

(2) 速度频率分布表、速度频率分布直方图、速度累计频率分布曲线。

(3) 速度统计特征值：

①均值，即地点车速的平均数。

②中位车速。

③车速分布中有代表性的几个速度值。

④样本方差。地点车速分组后，样本方差 s^2 的计算公式如下：

$$s^2 = \frac{\sum_{i=1}^{n}(v_i - \bar{v})^2 \cdot f_i}{\sum f_i} \tag{1-1}$$

式中：v_i——各车速分组的组中值；

$\bar{v}$——平均地点车速；

n——样本数；

f_i——各分组车速的频数。

(4) 拟合检验

①建立原假设 H_0

H_0:如果地点车速 v 服从正态概率分布,那么地点车速的频率分布与概率分布应该相差不大。在地点车速的分布直方图中,可以初步判断是否服从正态分布。

②选择统计量

如果地点车速分布的原假设 H_0 成立,则地点车速每一分组的实测频数 f_i 与正态分布时的理论频数 F_i 相差不大。若正态分布在 i 区间的概率为 p_i,则理论频数 $F_i = p_i \cdot n$。n 为样本量,K 为样本分组数,由此建立的统计量 χ^2 为:

$$\chi^2 = \sum_{i=1}^{K} \frac{(f_i - F_i)^2}{F_i} \tag{1-2}$$

③确定统计量的临界值 χ_a^2

概率论中已经证明在 $n \to \infty$,$K \to \infty$ 时,统计量趋向于自由度为 $K-1$ 的分布。

由 χ^2 分布表,根据自由度 γ 和置信水平 α,可查得统计量的临界值 χ_a^2。

确定地点车速样本的自由度:由于拟合正态分布,当正态分布中有两个参数 μ 和 σ 需要估计时,则约束数 $a=2$,自由度 $\gamma = K - a - 1 = K - 3$。若 μ 与 σ 值完全给定时,则 $a=0$,$\gamma = K-1$。

置信水平 α 的选择:在交通工程中 α 常取 0.10、0.05 或 0.01。

为了便于应用,本书将 χ^2 分布的上侧分位数 χ_a^2 表做了部分摘录,见表 1-5。

χ^2 分布的上侧分位数 χ_a^2 表 表 1-5

γ \ α	0.10	0.05	0.01	γ \ α	0.10	0.05	0.01	γ \ α	0.10	0.05	0.01
1	2.706	3.841	6.635	7	12.017	14.067	18.475	13	19.812	22.362	27.688
2	4.605	5.991	9.210	8	13.362	15.507	20.090	14	21.064	23.685	29.141
3	6.251	7.815	11.325	9	14.684	16.919	21.666	15	22.307	24.996	30.578
4	7.779	9.448	12.277	10	15.987	18.307	23.209	16	23.542	26.296	32.000
5	9.236	11.070	15.068	11	17.275	19.675	24.725	17	24.969	27.587	33.409
6	10.645	12.592	16.812	12	18.549	21.026	26.217	18	25.989	28.869	34.805

④统计检验结果

比较 χ^2 的计算值与临界值 χ_a^2,若 $\chi^2 \leqslant \chi_a^2$,则车速 v 服从假设的正态分布,否则不接受原假设。至此检验结束。

五、思 考 题

1. 影响车速的因素有哪些?
2. 车速频率分布统计有什么意义?
3. 如何保证样本的代表性?

六、实验成绩评定办法

实验成绩评定采用百分制,具体考核形式如下:

1. 现场考核

认真的完成现场调查任务占 60%。

2. 书面考核

数据处理结果、实验报告的完成质量、撰写水平等占40%。

第三节 密度调查

一、实验目的

掌握密度调查的基本方法(出入量法),学会利用试验车法确定路段车辆数。

二、实验内容

设计密度调查方案;进行路段车辆数观测调查;分析整理调查数据,计算交通流密度。

三、实验条件及要求

要求调查日调查区域内生活平稳,无重大政治、经济、体育活动。

四、实验设计及实施指导

1. 调查的时间和地点

依据调查目的,确定调查的时间和范围,可设定调查时间为高峰时期和非高峰时期两个时段。对城市道路来说,早高峰一般在7:00~9:00之间,晚高峰一般在17:00~19:00之间,且对不同的城市是不完全相同的。调查地点应选在视距良好,地势平坦且无出入交通的路段。

2. 人员分工

对于一条特定的调查路段,密度调查(单方向)一般需要3~4人。其中2人分别在路段入口、出口(A、B)以一定的时间间隔(一般为1min)观测并记录通过的车辆数,并注意试验车通过的时间,在相应的时间间隔内按试验车到达先后分别记录;另外1~2人跟随试验车,记录试验车在调查路段行驶时,超越试验车的车辆数和被试验车超越的车辆数,以及试验车通过A、B点断面的时间。

3. 确定调查方法

交通量调查常见的方法有出入量法、车牌照法、录像法和视频检测法,本次调查使用出入量法。出入量法是一种为了测定道路上两断面间无出入交通的路段内现有车辆数,以便计算该路段交通密度的方法。其基本原理和计算公式如下:

$$K(t) = \frac{E(t)}{L_{\mathrm{AB}}} = \frac{E(t_0) + Q_{\mathrm{A}}(t) - Q_{\mathrm{B}}(t)}{L_{\mathrm{AB}}} \tag{1-3}$$

式中:$K(t)$——t时刻AB路段的交通密度;

$Q_A(t)$——从观测开始($t=t_0$)到t时刻内从A处驶入的累计车辆数;

$Q_B(t)$——从观测开始($t=t_0$)到t时刻内从B处驶出的累计车辆数;

$E(t_0)$——观测开始($t=t_0$),AB路段存在的初始车辆数;

L_{AB}——AB路段长度。

由于实测密度均方差为实测区段和区间长度的减函数,为了保证足够的精度,调查时选用路段长度应尽量大于 800m，时间延续 5min 以上。

(1)测定方法

从基准时刻开始，在测定区间的两端用人工、流量观测仪或动态录像机测定通过的车辆数，同时还要测定试验车在测定路段超过的车辆数和被超的车辆数。为了记取试验车通过区间两端的时刻，必须在试验车上标以特殊的记号。

(2)原始车辆数的测定

设试验车跟随车流通过 A 处的时刻为 t_0，经过 B 处的时刻为 t_1，在试验车既不超车又不被超的情况下，从 t_0 到 t_1 这段时间内通过 B 处的车辆数 q_B 即为 t_0 时刻 AB 区间内的原始车辆数。但这一关系只有在试验车既不超车又不被超的情况下才成立，否则应按下式计算：

$$E_{t_0} = q_B + a - b \tag{1-4}$$

式中：E_{t_0}——在 t_1 时刻 AB 区间内的原始车辆数；

q_B——从 t_0 到 t_1 这一时间内通过 B 处的车辆数；

a——试验车超车数；

b——试验车被超车数。

t_1 时刻 AB 区间内的原始车辆数可按下式计算：

$$E_{t_1} = q_A + a - b \tag{1-5}$$

式中：E_{t_1}——在 t_1 时刻 AB 区间内的原始车辆数；

q_A——从 t_0 到 t_1 这一时间内通过 A 处的车辆数；

a、b——同上。

4. 注意事项

(1)调查是在路边观测，要注意安全第一，不要随意走动。

(2)调查时，各调查员应保持同步，以保证调查数据的有用性。

(3)注意保管好调查数据。

(4)为增加调查精度，一段时间(如 5min)后应重新确定初始时刻。

5. 提交的资料

(1)调查表格原始记录一份。

(2)试验车法测定密度汇总计算表。

五、思 考 题

1. 如何提高调查的精度？

2. 数据汇总、计算时应注意哪些问题？

六、实验成绩评定办法

采用百分制，具体考核形式如下：

1. 现场考核

认真的完成现场调查任务占 60%。

2. 书面考核

数据处理结果和实验报告的完成质量、撰写水平等占 40%。

第四节　通行能力调查

一、实 验 目 的

掌握通行能力调查基本方法;通过调查理解通行能力和交通量的关系,并掌握饱和车头时距的观测方法。

二、实 验 内 容

通行能力调查分路段和交叉口,本次实验针对交叉口进行。

采用停车线法,观测饱和车头时距,计算通行能力。

三、实验条件及要求

要求调查日调查区域内生活平稳,无重大政治、经济、体育活动。

四、实验设计及实施指导

1. 调查的时间和地点

观测时间:一般应将调查时间段定为高峰时段。

观测地点:选择有两条或两条以上入口车道、交通流量大、右转、直行、左转有明确分工的交叉口进口引道,具体观测地点选择在交叉口停车线处。

2. 人员分工

2 人一组,其中 1 人负责计时,另 1 人负责记录。

3. 调查表格设计

通行能力调查表格设计主要应考虑车型因素,并注意调查环境的记录,一种简单的设计样表如表 1-6 所示。

调查时间:　　　　调查地点:　　　　天气:　　　　调查人:　　　　表 1-6

行车方向:直行　右转　左转

时　间	客　车			货　车		
	小	中	大	小	中	大
…						
…						

注:1. 从前面第 3 ~ 5 辆车通过停车线开始记录,车队最后一辆车通过停车线后结束。

2. 在行车方向中进行选择,并打勾。

4. 调查方法

观测饱和车流各车辆经过进口引道停车线的时间、车型、色灯变换时间。用以上方法观测时,要看准车队最前面的第 3 ~ 5 辆车,待它们通过停车线时再开始统计经过的时间与车辆数。在黄灯即将显示前的适当时刻(待行车队最后一辆车通过停车线的时刻前后),要盯住车队最后一辆车,在其通过停车线的时刻即结束观测。之所以采用这种观测方法,是因为假定饱和流按一定流率(单位时间内分流的车辆数)行驶,从第 3 ~ 5 辆车开始计算是为了消除由于起动延误带来的时间和统计车辆数的误差。对右转车则以连续运行车流不少于5辆作为统计对象为宜。在进行上述调查及分析的基础上,用3 600s除以平均车头时距即得饱和流量。

5. 注意事项

(1)调查是在路边进行的,要注意安全第一,不要随意走动。

(2)调查时,应尽量选择流量大的引道。

(3)注意保管好调查数据。

6. 提交的资料

(1)调查表格原始记录一份。

(2)各车型平均车头时距以及折算系数。

①计算各种车型的平均车头时距

将同类车辆的车头时距整理在一起,按统计方法剔除异常数据——车头时距的最大和最小值。如置信水平为95%,则车头时距 h 的取值应在 h 的平均值 $\bar{h} \pm t_{0.025}\frac{S}{\sqrt{N}} \approx \bar{h} \pm 2\frac{S}{\sqrt{N}}$ 之间[N 为观测总次数,S 为样本标准差,$t_{0.025}$ 为自由度为($N-1$)、置信水平为95%时的 t 分布的统计量],然后算出各类车型的平均车头时距。

②计算车辆换算系数

实际车流大都是混合车流,大致可分为大型车(拖挂车)、中型车(普通汽车)和小型车(小汽车)三类。若以小汽车为标准车,则须将大、中型车换算为当量小汽车,车辆换算系数的计算公式为:

$$\alpha_{大} = \frac{\bar{h}_{大}}{\bar{h}_{小}} \tag{1-6}$$

$$\alpha_{中} = \frac{\bar{h}_{中}}{\bar{h}_{小}} \tag{1-7}$$

式中:$\alpha_{大}$、$\alpha_{中}$——分别为大、中型车换算成当量小汽车的换算系数;

$\bar{h}_{大}$、$\bar{h}_{中}$、$\bar{h}_{小}$——分别为大、中、小型车的平均车头时距。

五、思 考 题

什么是车辆折算系数?常用的折算方法有哪些?

六、实验成绩评定办法

采用百分制,具体考核形式如下:

1. 现场考核:认真的完成现场调查任务占60%。

2. 书面考核:数据处理结果和实验报告的完成质量、撰写水平等占40%。

第五节 延 误 调 查

一、实 验 目 的

掌握交叉口延误调查的基本方法及调查技巧;通过调查理解点样本法进行交叉口延误调

查的基本原理及其误差。

二、实 验 内 容

使用点样本法调查交叉口延误;分析整理调查数据,计算各延误指标。

三、实验条件及要求

要求调查日调查区域内生活平稳,无重大政治、经济、体育活动。

四、实验设计及实施指导

1. 调查的时间和地点

一般在经常发生交通阻塞的交叉口进行调查,也可仅对一个或几个方向的进口进行调查,一般应根据调查目的来确定。具体调查位置可选在交叉口入口引道停车线附近,并保证有良好的视距。

调查时间也应根据调查目的来确定,一般应在天气良好、交通正常的条件下进行,有时也在不利的气候条件或特殊的交通条件下进行调查。如要了解高峰时段的延误情况,则应选在早、晚高峰进行调查;要进行高峰时段与非高峰时段延误对比,则需分别在高峰时段和非高峰时段进行延误调查。本次实验可选择在早高峰或晚高峰进行。

2. 人员分工

一般情况下将全班学生分为4组,交叉口每个入口引道为1组。

每个交叉口入口引道需要3~4人和1块秒表,组中1人负责记录交通量,1人负责计时,另外1~2人负责记录经过停车通过交叉口的车辆数和不经过停车通过交叉口的车辆数(即停驶车数和不停驶车数)。

3. 调查表格设计

点样本法调查交叉口延误的现场记录设计样表如表1-7所示。

点样本法调查交叉口延误现场记录表

表1-7

交叉口________　　引　道________　　车　道________

日　期________　　天　气　　观测员________

开始时间	在下列时间内停在引道内的车辆数				引道交通量	
	+0s	+15s	+30s	+45s	停驶车数	不停驶车数
小计						
合计						

4. 样本量的确定

当所关心的是停驶车辆的百分率时,应用概率统计的二项分布来确定需要调查的最小样本数:

$$N = \frac{(1-p)\chi^2}{pd^2} \tag{1-8}$$

式中：N——最小样本数；

p——在交叉口入口引道上的停驶车辆百分率，%；

χ^2——在要求的置信度下的 χ^2 值，一般置信度可选用95%，相应的 $\chi^2 = 3.84$；

d——停驶车辆百分率估计值的容许误差，d 值取决于调查目的，其范围一般为0.01～0.10，通常采用0.05或0.10。

在任何情况下，所取样本数不应小于50辆。

5.调查方法

点样本法就是观测在连续的时间间隔内交叉口入口引道上停车的车辆数，进而得到车辆在交叉口入口引道上的排队时间。交叉口每一引道需要3～4名观测员，其中1人为报时员，1人（或2人）为观察员，另1人为记录员。在调查开始之前记录员应将调查日期、地点等填入表内。观测时间间隔一般取15s（根据情况也可选其他值），这样，每分钟有0～15s、15～30s、30～45s和45～60s四个时间间隔。

观测开始之后，报时员手持秒表，每1min报时一次，观察员在报时后即统计停留在入口引道停车线之后的车辆数，并通知记录员逐项记录。同时，记录员（或第二名观察员）还要统计在相应分钟内的引道交通量，并按停驶车辆和不停驶车辆分别统计和记录。停驶车辆是指经过停车后通过停车线的车辆，不停驶车辆是指不经停车而直接通过停车线的车辆。

上述观测工作连续进行，直至达到样本容量要求或规定的时间（10min或15min）为止。

6.注意事项

（1）如果观测人员较多，则对于一个十字交叉口可同时投入12～16人对4个入口引道进行观测，这样较节省时间，且各引道的调查结果具有可比性。如人员不足，则可对各入口引道轮流进行观测，但时间耗费较多，各引道的调查结果可比性也不强。

（2）对于定周期信号交叉口，选择观测的时间间隔时应避免信号周期长，能被观测时间间隔整除的情况出现，否则统计停车数的时间将是信号周期的某个相同部分，这会使观测数据失去随机性。此外，还应将观测的起始时间与信号周期的始点错开。

（3）观察地点应在事先做好调查的基础上确定，要保证观察方便，特别要注意车辆排队很长时对视线的影响。观察地点一般选在停车线旁，排队长度的中间或可通视排队的其他有利位置。

（4）对于入口引道是多车道的交叉口，若不要求区分某一具体车道上的延误，可不分车道调查，否则要按车道分别安排观测人员。

（5）如果某辆车的停车时间超过一个观测时间间隔，则在下个时间间隔再次把该车统计在引道停车数内，而在统计停驶车数时，该车却只被统计一次。因此，对于一个指定的时间间隔，停驶车数总是小于或等于停在引道上的车辆总数。这可以帮助判断观测与记录的正确与否。

（6）点样本法也可用来调查交叉口或其他地点的行人交通的延误，这时只要用统计车辆的方法来统计行人即可。

7.提交的资料

（1）调查表格原始记录一份。

（2）延误分析计算。

延误的分析计算一般用下述指标表示：

$$\left.\begin{aligned}
&\text{总延误}=\text{总停车数}\times\text{观测时间间隔}\quad(\text{辆}\cdot \mathrm{s})\\
&\text{每一停驶车辆的平均延误}=\frac{\text{总延误}}{\text{停驶车辆总数}}\quad(\mathrm{s})\\
&\text{交叉口入口引道上每辆车的平均延误}=\frac{\text{总延误}}{\text{引道总交通量}}\quad(\mathrm{s})\\
&\text{停驶车辆百分率}=\frac{\text{停驶车辆总数}}{\text{引道总交通量}}\times 100\quad(\%)\\
&\text{停驶车辆百分率的估计误差}=\sqrt{\frac{(1-p)\chi^2}{pN}}
\end{aligned}\right\}\qquad(1\text{-}9)$$

五、思 考 题

1. 点样本法调查时间间隔如何确定？
2. 点样本法在哪些情况下是不适用的，为什么？

六、实验成绩评定办法

采用百分制，具体考核形式如下：

1. 现场考核

认真的完成现场调查任务占60%。

2. 书面考核

数据处理结果和实验报告的完成质量、撰写水平等占40%。

第六节 OD 调 查

一、实 验 目 的

1. 掌握 OD 调查的基本方法和技巧。
2. 通过调查获得居民出行的 OD 分布（OD 表、期望线、交通产生与吸引统计图）、出行特征（如时间、距离、目的、方式等），掌握调查数据的处理和分析方法。
3. 属于设计性综合实验，培养学生从整体思考问题、分析问题和解决问题的能力。
4. 在实践中锻炼学生的组织能力、协调能力、社交能力以及应变能力等。

二、实 验 内 容

1. 设计 OD 调查问卷。
2. 进行交通小区划分。
3. 确定居民出行调查的方法。
4. 分析整理实际调查数据，获得规划所需的各项基本资料。

三、实验条件及要求

要求调查日调查区域内生活平稳，无重大政治、经济、体育活动。

四、实验设计及实施指导

1. 调查的时间和范围

划定调查区域范围实际上就是确定境界线。区域的大小与交通规划的目标密切相关。调查时间的确定也要依据调查目的和规划目标，并根据已掌握资料的多少，确定调查时间（如工作日 8h、16h、24h、48h 或 72h 调查）。

本次调查的目的是让学生掌握 OD 调查的基本方法，可设定调查时间为工作日和休息日两天，调查范围为整个研究对象全境内，比如范围可以定为"××大学校区"、"××大学教学区"等。

2. 人员分工及抽样率确定

可以采取自由组合的方法，根据抽样率以及样本数确定个人的合作伙伴数（每组人数）。表 1-8 为采用家庭访问法进行居民出行调查的抽样率取值表。

家访出行抽样率推荐值 表 1-8

调查区人口（万人）	最小抽样率（户）	推荐抽样率（户）	
	（%）	（%）（美国）	（%）（一般）
<5	10	20	20
5~15	5	12.5	12.5
15~30	3	10	10
30~50	2	6.6	6.6
50~100	1	4	5
>100	1	4	4

3. 调查表格设计

出行调查表是调查方案设计和调查目标的真实反映，而调查表格的设计是一项需要细心完成的工作，也是本次实验调查的重点。因为调查表格设计的好坏，不仅会影响到调查的实施，而且会影响到数据处理方法的选择以及数据分析的精度。

对居民出行调查来说，表格的设计内容必须包括出行者的人与家庭属性、社会经济属性和出行属性三大内容。表格设计应包含以下方面的内容。

（1）人与家庭属性：地址、年龄、职业。

（2）社会经济属性：收入情况、居住条件、拥有交通工具的类型与数量。

（3）出行属性：出行设施、出行目的、交通方式、中转、时间、路线、停车等。

4. 确定调查方法

居民出行调查常见的方法有家庭访问法、发放表格法，在区域范围较小的情况下，甚至可以使用路边询问法。

（1）家庭访问法主要适用于个人出行调查，对居住在调查区内的住户，进行抽样家访。具体就是到各个被抽到的家庭中进行访问，以获得相应的调查信息，并进行记录。本方法需要在调查开始前进行广泛的宣传，否则居民往往配合不够，顺利完成访问的难度较高。

（2）发放表格法就是将设计好的调查表发给住户或机动车驾驶员，随后回收表格。该方法最大的弊端是回收率低，而且由于个人对调查表理解的不同，所作回答很可能出乎调查者的期望。

(3)路边询问法主要用于汽车出行调查和货流 OD 调查，在主要道路或城市出入口设调查站，树立醒目的标志，夜间设照明。调查人员佩戴交通调查袖章，让车辆停下，询问该车的出行起迄点以及其他出行资料。该方法抽样率不容易掌握而且存在重复调查现象，在区域大的情况下很难使用。

5. 划分交通小区

(1)将用地性质相同的划分为同一区。

(2)同一个小区尽量处于相同的行政区划，以便于相应人口和经济资料的收集。

(3)交通小区的大小要满足区内交通分析要求，如果交通小区划分的过小，则不能达到要求的调查精度；如果交通小区划分的过大，则增加了调查工作量。

6. 提交的资料

(1)调查表格原始记录一份。

(2)OD 表一份。

(3)分区图一份。

(4)期望线图一份。

(5)交通产生与吸引统计图一份。

(6)交通出行特征相关的各种图表。

五、思 考 题

1. 抽样率和抽样方法如何确定？

2. 影响调查的数据精度的因素有哪些？

3. 调查数据后期处理如何进行？

4. 小范围的调查推广到大范围要注意哪些问题？

六、实验成绩评定办法

采用百分制，具体考核如下：

1. 调查表格设计占 30 分。要求内容全面不漏项，设计新颖合理。

2. 调查过程 30 分。调查方法合理，顺利获得调查数据。数据记录全面，能灵活处理遇到的各种问题。

3. 数据处理及结果分析 40 分。能按要求进行基本数据处理，能使用电脑编程处理数据，图表全面合理，能分析处理调查数据，并对结果作出合理的分析判断。

第七节 停 车 调 查

一、实 验 目 的

1. 掌握停车场调查的基本方法和技巧。

2. 掌握不同调查方法的适应性及停车调查方法的选择。

3. 通过调查，加深对间断式记车号人工巡回调查法的理解。

二、实 验 内 容

采用间断式人工巡回调查法，调查停车场使用情况，并进行数据处理。

三、实验条件及要求

要求调查日调查区域内生活平稳，无重大政治、经济、体育活动。

四、实验设计及实施指导

1. 调查的时间和地点

依据调查目的，确定调查的时间和地点。调查时间可设定为高峰期和非高峰期两个时段，或根据具体的停车场选定其停车高峰期或非高峰期进行调查，以获取必要的停车信息。调查地点宜选在离学校较近，规模中等的专业停车场或者配建停车场，同时根据学生人数及分组情况，考虑选用不同用地性质的停车场（如商业、办公、餐饮、宾馆、医院等）。

2. 人员分工

3～4 人在一个停车场进行调查，可分时段（或不分时段）每个人自成一组完成相应调查。

3. 调查表格设计

间断式调查可分为记车号调查与不记车号调查两种。间断式记车号人工巡回调查的设计样式可参考表 1-9。

间断式记车号人工巡回调查表 表 1-9

调查日期： 天气： 调查员：

调查停车场名称： 具体位置： 停车方式：

停车面积/泊位数： 巡回时间间隔： 主要服务的用地设施：

编号	车型	调查时间	8:00						9:00						10:00						11:00						12:00					
		车牌号	0	1	2	3	4	5	0	1	2	3	4	5	0	1	2	3	4	5	0	1	2	3	4	5	0	1	2	3	4	5
			0	1	2	3			0	1	2	3			0	1	2	3			0	1	2	3			0	1	2	3		
1																																
2																																
3																																
4																																
5																																
6																																
7																																
8																																
9																																
10																																
11																																
12																																
13																																
14																																
15																																
16																																
17																																
18																																
19																																
20																																

注：车型栏填写车型代码，需事先明确，如 1. 小客车、2. 大客车等；用地类型包括 1. 住宅、2. 工业、3. 大专院校、4. 中小学校、5. 行政办公、6. 商业、7. 文体、8. 宾馆、9. 仓库、10. 车站港口码头、11. 医院、12. 其他。

4. 调查方法

人工实地调查法，即直接派人在停车场地对停车情况进行观测记录和征询意见调查，可分为两类：间断式调查和连续式调查。

(1)间断式调查

调查员在调查区间内，边巡回行走边记录停放车辆的数量和停放方式、车型分类特征。巡回观测的周期时间可以是5min、10min、15min、30min、1h以上等。

间断式调查可分为记车号与不记车号两种：记车号式调查是在间断巡回时间内，登记车号，且将每次间隔停放时刻用“0”填入表中，当原来停放车辆开走，则把观测时刻栏作为空栏，如遇新的停放车辆，则按上述同样顺序填入下一栏；不记车号的间断式调查只观测记录调查区间内的各种停车数量。从适应性看，前者适合机动车调查，后者适合自行车调查。

(2)连续式调查

调查员在调查区间将停放车辆的车型、牌照和开始停放时刻及终止停放时刻记录下来。

(3)征询意见调查

采用发明信片和直接与车主对话方式，较详细地调查以下内容：

①停放车辆目的。

②从停放车辆地点至出行目的地的距离。

③出发地点、目的地。

④在该地停放车辆频率。

⑤违章停放理由。

⑥停车收费与管理意见等。

本次实验采用间断式记车号人工巡回调查法，若时间和人员允许，可同时配合进行征询意见调查，以获得使用者的停车信息。

5. 注意事项

(1)路边观测，注意安全。

(2)注意巡回间隔的选取。

(3)保管好调查数据。

6. 提交的资料

(1)调查表格原始记录一份。

(2)计算各停放车指标：

①延停放车辆数(辆)。

②实际停放辆数(辆)。

③平均停放车辆数(辆/h)。

④可能停放车辆数(辆)。

⑤高峰时停放车辆数(辆)。

⑥高峰时停放车指数。

⑦平均停放车指数。

⑧平均周转率。

⑨平均停放时间(min)。

⑩停车场的利用率(%)。

五、思 考 题

1. 连续和间断两种调查方法各有何优缺点?

2. 车辆停放调查资料有哪些应用?

六、实验成绩评定办法

采用百分制,具体考核形式如下:

1. 现场考核

认真的完成现场调查任务占60%。

2. 书面考核

数据处理结果和实验报告的完成质量、撰写水平等占40%。

附录:实验报告

×××××实验报告

班级________ 学号________ 姓名________

一、实验项目

明确实验目的、实验内容。

二、实验基本原理(方法)

描述实验的基本原理(方法),实验和数据处理中用到的主要公式等。

三、实验时间、地点、同组人员及分工

描述选择的调查时间、调查地点,同组人员及分工安排情况。

四、数据处理过程及提交成果

1. 说明数据处理的过程与处理方法。

2. 按照指导书的要求提交相应的成果。

3. 分析数据处理结果,得出结论。

4. 结合实际调查和数据处理情况,提出改进措施和改善建议。

五、其他需要说明的问题

第二章 《道路交通环境工程》实验指导

一、实验课名称:道路交通环境工程

二、实验课性质:非独立设课

三、适用专业:交通工程

四、采用教材:《道路交通环境工程》(张玉芬,人民交通出版社)

五、课程学时

课程总学时:40;学分:3;实验课学时:10。

六、实验项目名称和学时分配(表2-1)

表2-1

序号	实验项目名称	学时分配	实验类别	实验类型	实验者类型	必开/选开
1	汽车废气排放量与行驶状态实验	2	专业类	验证	本科生	必开
2	汽车废气排放物的扩散	2	专业类	验证	本科生	必开
3	交通噪声源的测试	2	专业类	验证	本科生	必开
4	交通噪声水平与垂直分布实验	2	专业类	验证	本科生	必开
5	道路布局与交通污染	2	专业类	综合	本科生	必开

七、实验教学目的和要求

交通环境工程是交通工程学科体系中的重要课程,交通发展过程中必须加强环境保护,因此有必要对学生进行相关知识的讲解。由于具有跨专业的特征,该课程需要涉及若干与环境监测、测量等有关的实验。

实验教学的目的就是使学生熟悉各种交通活动产生的污染物的产生、扩散原理及其测定方法,培养学生的动手解决实际问题的能力。通过实验教学,要求学生掌握相关仪器的使用方法和数据处理的常用方法,并具备外业相互配合的团体精神和内业踏实谨慎的工作能力。

八、实验课程考试方式

根据实验过程及内业处理情况综合评定,实验课实验成绩占《道路交通环境工程》课程总成绩的20%。

第一节 汽车废气排放量与行驶状态实验

一、实验目的

1.为了适应道路交通的可持续发展,需要专业技术人员增强环境保护意识,掌握环境保护的基本理论与方法,将环境保护措施应用在工程建设与交通管理中。

2. 实验是基础数据获得的重要手段，通过对实验数据的分析使学生能够较深入了解汽车交通对环境产生污染的机理及影响因素等内容，理解污染物在环境中的迁移扩散过程，掌握其变化规律，以提高对问题的分析和解决能力，为科学研究的开展进行知识储备。

二、实验内容

选择不同的实验车进行实验，并测试汽车的排放量。为测试废弃排放量随车辆行驶状态的变化，实验过程需变换不同的交通条件与不同道路条件。

三、实验要求

1. 学生以组为单位共同完成实验，要求做好实验方案。

2. 要求对实验所用车辆有一定的数据积累，根据室外采集的数据进行分析，每人提交一份实验报告。

3. 对车辆行驶状态进行记录。

四、实验配备的主要设备名称和台件数（表 2-2）

实验配备的主要设备名称和台件数　　表 2-2

序　　号	设 备 名 称	每组应配台件数	现有台件数	备　　注
1	汽车尾气检测仪	1	2	

汽车尾气扩散检测仪：简便、高效和低成本地检测汽车尾气扩散。

五、实验步骤

1. 阅读设备使用操作说明书。

2. 掌握相关基本理论与方法。

3. 选择不同的实验车进行不同交通条件与不同道路条件下汽车排放量的测试，并进行室外数据采集。

4. 室内进行数据处理、分析。

5. 得出主要结论及解决方案。

6. 提交实验报告。

六、考核形式

采用百分制，具体考核形式如下：

1. 现场考核

实验仪器操作熟练程度，占 60%。

2. 书面考核

实验报告的完成质量、撰写水平等，占 40%。

七、实验报告要求

1. 要求设计实验方案。

2. 要求进行数据分析，提出解决方案。

第二节 汽车废气排放物的扩散

一、实 验 目 的

1. 培养学生增强交通与环境保护的意识，培养严肃认真的工作作风和严谨的科学态度，深入了解汽车交通对环境产生污染的机理及影响因素等内容，理解污染物在环境中的迁移扩散过程。

2. 掌握汽车废气排放物扩散的基本理论与方法，力求学生在独立思考的基础上，将实验内容做深、做透。

3. 对每个实验要求有设计思路，以及完成实验的其他方法等。

4. 掌握测量仪器的使用方法。

5. 培养学生将实验过程由被动的操作、记录，转变成主动的设计、实践和升华。

6. 掌握其中的变化规律，并且培养学生独立分析问题、解决问题的能力。

二、实 验 内 容

1. 选择不同的交通条件与不同道路条件进行汽车排放扩散测试。

2. 根据分析结果及其他相关条件，进行道路交通环境影响评价，提出整治方案。

三、实验（设计）仪器设备和材料清单（表 2-3）

实验（设计）仪器设备和材料清单　　表 2-3

序　　号	设 备 名 称	每组应配台件数	现有台件数	备　　注
1	复合气体检测仪	2	2	
2	汽车尾气遥感监测仪	1	1	
3	雷达测速枪	1	4	

1. 汽车尾气扩散检测仪：简便、高效和低成本地检测汽车尾气扩散。

2. 汽车尾气遥感监测仪：简便、高效地检测大气环境，可以自动长期观测。

3. 雷达测速枪：使用简便，测试精度高，成本低。

四、实 验 要 求

1. 学生以组为单位共同完成实验；要求设计实验方案；所实验的交通条件需进行同步调查并详细记录，并选择适宜的测试地点；设备安装的方向和角度应满足仪器设备的测量要求。

2. 在室外进行数据采集，在室内进行数据分析，提交一份实验报告。

3. 完成实验报告、实验心得及总结。

五、实 验 步 骤

1. 阅读设备使用操作说明书。

2. 掌握相关基本理论与方法。

3. 选择适宜的汽车废气排放物测试地点。

4. 按照不同的要求进行室外数据采集。

5. 室内进行数据处理、分析。

6. 得出主要结论及解决方案。

7. 提交实验报告。

六、考 核 形 式

采用百分制，具体考核形式如下：

1. 现场考核

实验仪器操作熟练程度，占60%。

2. 书面考核

实验报告的完成质量、撰写水平等，占40%。

七、实验报告要求

1. 要求设计实验方案。

2. 要求进行道路交通环境影响评价，提出整治方案。

3. 要求进行数据分析，并提出问题、分析问题、解决问题。

第三节　交通噪声源的测试

一、实 验 目 的

1. 我国公路交通发展迅速，汽车拥有量大幅度增加，车辆种类、性能也较以前有很大程度变化，所以，车辆噪声源强也必然有一定变化。鉴于此，我们对公路交通噪声源强进行实地测试，以获得公路交通噪声单车源强与车速的关系式。

2. 增强学生交通与环境保护的意识，培养严肃认真的工作作风和严谨的科学态度，深入了解汽车交通对环境产生污染的机理及影响因素等内容，理解污染物在环境中的迁移扩散过程。

3. 掌握交通噪声源测试的条件和方法，通过对实验数据的分析使学生能够较深入了解交通噪声与车速、车型的关系，掌握其中的变化规律，力求学生在独立思考的基础上，将实验内容做深、做透。

4. 培养学生将实验过程由被动的操作、记录，转变成主动的设计、实践和升华，掌握测量仪器的使用方法。

二、实验内容

在理想交通条件与道路条件下的噪声源测试。

三、实验(设计)仪器设备和材料清单(表2-4)

实验(设计)仪器设备和材料清单　　表2-4

序　号	设备名称	每组应配台件数	现有台件数	备　注
1	噪声级测量仪	2	6	
2	雷达测速仪	1	4	
3	皮尺	1	3	

四、实验要求

1. 学生以组为单位共同完成实验,要求设计实验方案,并选择理想的测试地点(要求交通量较小,可以获得无其他车辆干扰条件下的单车通过时车辆瞬时最大噪声级)。

2. 在室外进行数据采集,室内进行数据分析,同时要求绘制断面图,提交一份实验报告。

3. 完成实验报告、实验心得及总结。

五、实验步骤

1. 阅读设备使用操作说明书。

2. 掌握相关基本理论与方法。

3. 选择交通量较小的路段,记录路面类型,测点位于路肩,距地面1.2m,距被测行车道7.5m。

4. 按照不同的要求进行室外数据采集,车速测量采用雷达测速仪,噪声测量采用声级测量仪。

5. 室内进行数据处理、分析。

6. 得出主要结论及解决方案。

7. 提交实验报告。

六、考核形式

采用百分制,具体考核形式如下:

1. 现场考核

实验仪器操作熟练程度,占60%。

2. 书面考核

实验报告的完成质量、撰写水平等,占40%。

七、实验报告要求

1. 要求设计实验方案。

2. 要求进行道路交通环境影响评价,提出整治方案。

3. 要求进行数据分析,并提出、分析、解决问题。

第四节　交通噪声水平与垂直分布实验

一、实验目的

1. 增强学生交通与环境保护的意识，培养严肃认真的工作作风和严谨的科学态度。

2. 掌握交通噪声分布的基本理论与方法，力求学生在独立思考的基础上，将实验内容做深、做透。

3. 对每个实验要求有设计思路，以及完成实验的其他方法等。

4. 掌握测量仪器使用方法。

5. 培养学生将实验过程由被动的操作、记录，转变成主动的设计、实践和升华。

6. 掌握其中的变化规律，并且培养学生独立分析问题、解决问题的能力。

二、实验内容

1. 对不同的交通条件与道路条件下的噪声水平位移与垂直位移的距离，测试交通噪声的分布。

2. 根据道路上的车速以及噪声分布进行交通噪声预测。

3. 根据分析结果及道路沿线条件，提出整治方案。

三、实验原理

交通噪声在传播途径中会随传播距离的增加而发生衰减，障碍物的反射、吸收也会导致交通噪声的衰减。在道路两侧由于受地面吸收因子的影响，其衰减量的分布具有一定差异，同时受两侧建筑物及道路断面的影响，其水平和垂直分布规律会有所差别。对不同的区域在同样的交通噪声声功率条件下，其对周边的影响有所不同。根据交通噪声的这一特征，可以通过测量交通噪声水平分布和垂直分布，得出交通噪声的分布特征，从而采取有效措施，降低交通噪声。

1. 交通噪声随传播距离的衰减规律

$$\Delta L_1 = \begin{cases} 20\lg \dfrac{r_0}{r}(\text{点声源}) \\ 10\lg \dfrac{r_0}{r}(\text{线声源}) \end{cases} \tag{2-1}$$

2. 地面吸收的附加衰减规律

$$\Delta L_2 = \alpha \cdot 10\lg r \tag{2-2}$$

3. 空气对声波的吸收可忽略不计

在自由声场条件下，如距交通噪声源 r_0（参照物）处的噪声声压级为 L_0，则距离 r（接收点）处的声压级 L_p 为：

$$L_p = L_0 + 10\lg\left(\frac{r_0}{r}\right)^{\alpha} - \alpha(r - r_0) + \begin{cases} 20\lg \dfrac{r_0}{r}(\text{点声源}) \\ 10\lg \dfrac{r_0}{r}(\text{线声源}) \end{cases} \tag{2-3}$$

四、实验(设计)仪器设备和材料清单

1. 噪声级分析仪:适用于简便、高效和低成本的交通噪声监测。

2. 皮尺:适用于测量距离。

3. 雷达测速枪:适用于测量汽车等运输工具的速度。

五、实验要求

1. 学生以组为单位共同完成实验;要求设计实验方案,并选择适宜的测试地点,同时绘制断面图。

2. 在室外进行数据采集,在室内进行数据分析,并提交一份实验报告。

3. 完成实验报告、实验心得及总结。

六、实验步骤

1. 阅读设备使用操作说明书。

2. 掌握相关基本理论与方法。

3. 选择适宜的噪声测试地点。

4. 按照不同的要求进行室外数据采集。

5. 在室内进行数据处理、分析。

6. 得出主要结论及解决方案。

7. 根据道路上的车速以及噪声分布规律,进行交通噪声预测。

8. 提交实验报告。

七、考核形式

采用百分制,具体考核形式如下:

1. 现场考核

实验仪器操作熟练程度,占60%。

2. 书面考核

实验报告的完成质量、撰写水平等,占40%。

八、实验报告要求

1. 要求设计实验方案,并绘制断面图。

2. 要求进行数据分析,并提出、分析、解决问题。

3. 要求进行交通噪声预测。

第五节　道路布局与交通污染

一、实验目的

1. 通过对实验数据的分析,使学生能够更深入了解汽车交通对环境产生污染的机理及影响因素等内容。

2. 熟悉实验的设计思路以及完成实验的其他方法，力求学生在独立思考的基础上，将实验内容做深、做透，能够为科学研究的开展进行知识储备。

二、实 验 要 求

1. 理解污染物在环境中的迁移扩散过程，掌握其变化规律。

2. 设计实验方案，并选择理想的测试地点，同时要求绘制道路结构及布局图。

3. 在室外进行数据采集，室内进行数据分析，最后需提交一份实验分析报告。

三、实 验 条 件

要求所选道路区域内生活平稳，有代表性，无重大政治、经济、体育活动，无重大非交通污染源。

四、实验（设计）仪器设备和材料清单（表 2-5）

应配备的主要设备名称和台件数　　表 2-5

序　号	设 备 名 称	每组应配台件数	现有台件数	备　　注
1	噪声级分析仪	4	4	
2	皮尺	1	3	
3	汽车尾气扩散检测仪	2	2	

五、实验内容及步骤

选定不同的道路结构及道路布局状况，对噪声、废气扩散等作综合测试，具体试验步骤如下：

1. 掌握相关基本理论与方法，并阅读设备使用操作说明书。

2. 选择不同交通条件下、不同道路布局状况下汽车废气排放量的扩散测试，进行室外数据采集。

3. 选择不同交通条件下、不同道路布局状况下汽车噪声测试，进行室外数据采集。

4. 室内进行数据处理、分析。

5. 得出主要结论及解决方案。

6. 提交实验报告。

六、考 核 形 式

采用百分制，具体考核形式如下：

1. 现场考核

实验仪器操作熟练程度，占 60%。

2. 书面考核

实验报告的完成质量、撰写水平等，占 40%。

七、实验报告要求

1. 要求设计实验方案。

2. 要求进行数据分析，提出解决方案。

附录:实验报告格式

××××× 实验报告

班级＿＿＿＿＿＿学号＿＿＿＿＿＿姓名＿＿＿＿＿＿

（同组同学姓名＿＿＿＿＿＿＿＿＿＿＿＿＿＿＿＿＿＿＿＿）

一、实验项目

明确实验目的、实验内容。

二、实验基本原理

描述实验的基本原理,实验和数据处理中用到的主要公式。

三、主要仪器及试剂

列举实验过程中使用的主要仪器和试剂,以实际操作过程中的使用情况为准。

四、实验内容

详细说明实验步骤,主要包括:

1. 实验前的准备:仪器的摆放和架设、试剂的准备和调制、实验数据表格的绘制等。
2. 实验中的每一步骤的操作情况、数据记录情况等。
3. 分析数据处理的结果,得出结论。
4. 针对得出的结论,结合实际情况,根据交通活动对环境的影响提出相应的措施。

五、数据处理过程

六、结论和讨论

第三章 《交通工程》实习指导

本实习包括两部分内容:认识实习和专业实习。

一、实 习 时 间

实验时间为两周,其中第一周为认识实习,第二周为专业实习。

二、实 习 地 点

学校所在城市及周边地区。

三、实 习 目 的

本实习是交通工程基础学习达到一定程度后,在其他专业课程开始前进行的初级的专业认识和实践。通过实习,希望达到以下目的:

1. 巩固交通工程基础理论知识和操作技能。

2. 增强学生对交通工程专业内涵的感性认识,了解交通工程课程涉及的内容,为以后专业课程的学习打下良好基础。

3. 观察一些交通现象并对交通现象进行思考,提出分析,激发学生的学习热情。

4. 加快角色转换,初步培养学生从交通工程角度分析、解决问题的能力。

5. 培养学生实事求是、严肃认真、吃苦耐劳、勇于探索的科学态度。

四、实 习 形 式

组织学生观看录像或 PowerPoint 演示,对城市道路、公路、相关研究单位、交通指挥中心等进行参观,听取相关专家的讲解。学习相关仪器、设备的操作,并进行具体应用。针对简单的交通问题,组织学生自行设计调查方案、收集相关资料,解决实际问题。

五、实 习 内 容

组织学生进行现场参观,学习部分仪器的操作和具体应用,针对具体的城市交通问题设计调查方案、进行实地调查和数据处理分析工作,并撰写实习报告。

具体实习内容如下。

1. 通过现场参观(录像、PowerPoint 演示)等,认识基本的交通设施和交通现象

在学校所在城市及周边区域现场参观一些城市道路、高速公路及相关配套设施,进一步认识道路各组成部分、安全设施、控制设施、标志标线等,同时加深对各种交通现象的了解。

(1)路网结构

城市道路纵横交错,通过交叉口的连接构成路网。其结构形式通常与城市总体规划结合在一起。城市道路网络的形成,都是在一定的社会历史条件下,结合当地的自然地理环境,适应当时的政治、经济、文化发展与交通运输需要逐步发展、演变而来的。目前,现有的城市道路

系统可归纳为四种主要类型:方格网式、环形放射式、自由式和混合式。

①方格网式(棋盘式,图 3-1)

方格网式是最常见的道路网结构形式,道路划分的街区为规则的长方形,布局严谨、简洁,有利于建筑物的布置和方向识别,交通组织简便、灵活;缺点是对角线方向交通不便利,非直线系数大,通达性差,过境交通不易分流。

我国一些古城如北京旧城、西安古城、洛阳、苏州等的街道系统多采用轴线对称的方格网式路网。在新建路网中,这种形式多用于地势平坦城市的局部地区。

②环形放射式(图 3-2)

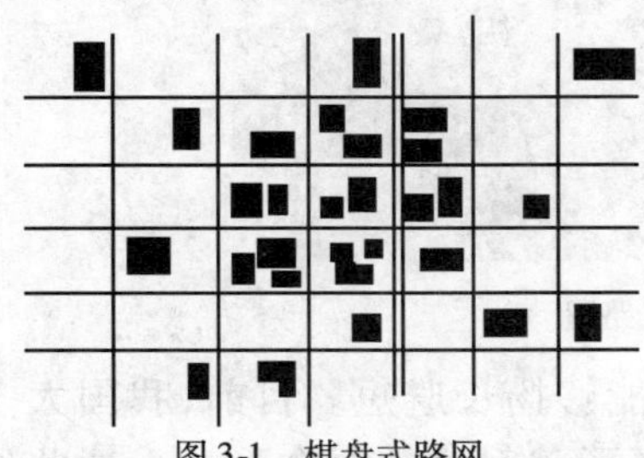
图 3-1　棋盘式路网

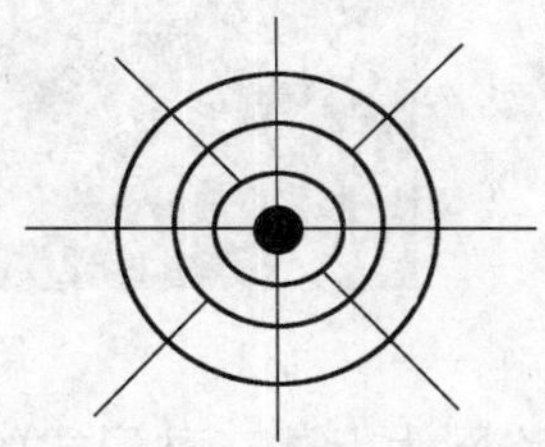
图 3-2　环形放射式

交通干线以城市中心为形心向外辐射,随着城市的发展逐渐增加若干环城道路,便形成了环形放射式路网。环形放射式路网利于市中心区与各分区、郊区、市区外围之间的联系。缺点是交通组织不如方格网式灵活,街区形状不够规则,若规划不当,易造成市中心交通过分集中。

环形放射式路网适用于大城市和特大城市。近些年,我国特大城市如成都、北京新城区等道路网的改造与发展,多采用了环形放射式的形式。国外的许多大城市,如莫斯科、巴黎、柏林、东京等,也都采用了这种形式。

图 3-3、图 3-4 分别为北京和莫斯科的环形放射式路网。

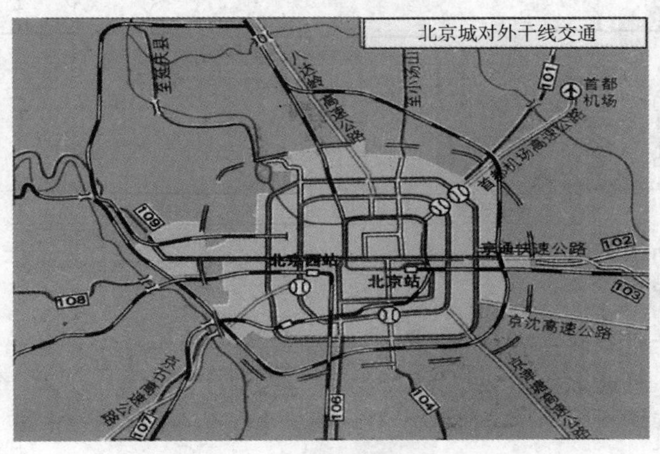

图 3-3　北京的环形放射式路网

③自由式

自由式路网与地形密切配合,路线呈无规则的几何形状。其优点是能充分结合自然地形,节约工程造价;缺点是绕行距离大,不规则街区多,建筑用地比较分散。

我国许多山区城市如重庆、青岛、南宁、芜湖等,地形起伏大,道路选线时为减小纵坡,常常沿山麓或河岸布置,形成自由式路网。

④混合式(综合式)

图 3-4　莫斯科的环形放射式路网

混合式路网为上述三种形式的组合,若规划合理,能够扬长避短。目前,我国大多数城市如北京、上海、哈尔滨、南京、合肥等,采用方格式与环形放射式的混合形式。这些城市保留了旧城的方格网式,随着城市的扩展,为减小城市中心区的交通压力设置了环路和放射性道路。

路网的结构形式是宏观内容,而我们日常生活中感受较深的是道路横断面的布置。城市道路横断面的布置有四种基本形式:单幅路(一块板断面)、双幅路(二块板断面)、三幅路(三块板断面)和四幅路(四块板断面),具体如图 3-5 所示。

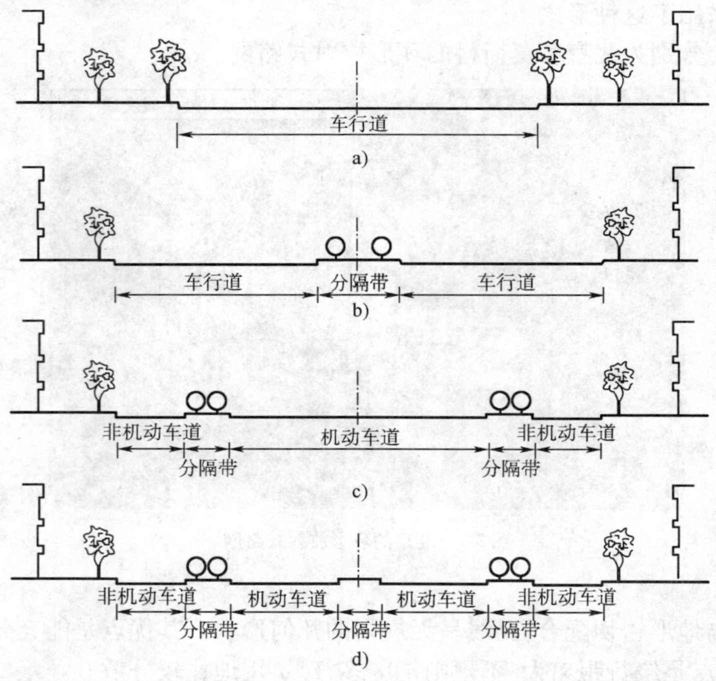

图 3-5　横断面基本形式

a)单幅路(一块板断面);b)双幅路(二块板断面);c)三幅路(三块板断面);d)四幅路(四块板断面)

①单幅路(一块板断面)

所有车辆均在同一车道上混合行驶,车行道布置在道路中央,通常划分成快、慢车道,分别供机动车、非机动车行驶。在不影响交通安全的条件下,这两种车道允许相互临时调剂使用。

②双幅路(二块板断面)

用分隔带或分隔墩把一块板形式的车行道一分为二,起分隔对向交通的作用。

③三幅路(三块板断面)

用分隔带或分隔墩把车行道分隔成三块,中间的为双向行驶的机动车车行道,两侧均为单向行驶的非机动车道。

④四幅路(四块板断面)

在三块板断面形式的基础上,再用分隔带把中间的机动车车行道分隔为两个方向行驶。

针对实习所在城市,了解路网结构类型、特点、形成历史、规划及各种横断面形式在路网中的应用情况;观察在各种横断面形式的道路中,照明设施、道路交通标志标线、各种地上管线及绿化设施等的布置情况。

(2)交通设施

交通设施包括交通基础设施和交通工程设施,二者包含的内容如图3-6所示。

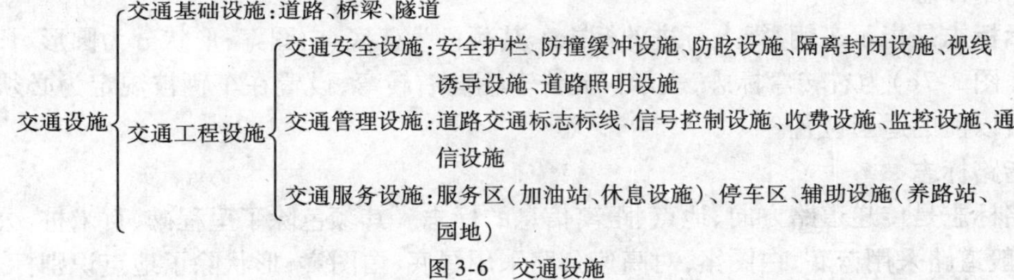

图3-6 交通设施

道路交通系统中的硬件除了道路、桥梁、隧道等交通基础设施外,都属于交通工程设施。交通工程设施的含义、特点、使用条件及对交通的影响等渗透在交通工程学科的各个领域。

学生要了解城市的路桥建设情况,包括典型立交的形式、组成、功能、车辆行驶路线及其标志标线等;了解公路的组成部分及各部分的功能,公路与城市道路的区别等;了解标志标线、隔离设施、安全护栏、照明设施、防眩设施、服务区、收费设施、交通信号控制设施等常见交通工程设施及含义、作用。

(3)道路交通标志

道路交通标志是用图形、符号、颜色和文字向交通参与者传递特定信息,对交通进行指示、导向、警告、控制和限定的一种道路交通管理设施。其三要素为颜色、形状和符号。合理设置道路交通标志,可以平滑交通,提高道路通行能力,减少交通事故,防止交通阻塞,节省能源,降低公害,美化环境。

交通标志分为主标志和辅助标志两大类。主标志包括警告标志、禁令标志、指示标志、指路标志、旅游区标志、道路施工安全标志。辅助标志附设在主标志下,起辅助说明作用。其中警告标志、禁令标志、指示标志、指路标志是最常见的标志。

①警告标志

警告标志是用于警告车辆、行人注意危险地点的标志。其颜色为黄底、黑边、黑图案；形状为等边三角形，顶角朝上。如图 3-7a）所示注意行人标志，用以促使车辆驾驶人减速慢行、注意行人，设在行人密集或不易被驾驶员发现的人行横道线之前的适当位置。

a) b) c) d) e) f)

图 3-7　道路交通标志

②禁令标志

禁令标志是禁止或限制车辆、行人交通行为的标志。其颜色除个别标志外，为白底、红圈、红杠、黑图案；形状为圆形或顶角向下的等边三角形。图 3-7b）为禁止驶入标志，表示禁止车辆驶入，设置在禁止驶入的地方或单行路的出口处，其图案为红底中间的一道白横杠。

③指示标志

指示标志是指示车辆、行人行进的标志。其颜色为蓝底、白图案；形状分为圆形、长方形和正方形。图 3-7c）为右转弯标志，表示只允许车辆向右转弯，设置在车辆被规定为必须向右转弯的路口以前的适当位置。

④指路标志

指路标志是传递道路方向、地点、距离信息的标志。其颜色除了里程碑、百米桩、公路界碑外，对一般道路采用蓝底、白图案，对高速公路采用绿底、白图案；形状除了地点识别标志外，为长方形或正方形。图 3-7d）为指出前方十字路口各出口去向的指路标志。

⑤旅游区标志

旅游区标志使旅游者能方便的识别通往旅游区的方向和距离，了解旅游项目的类别。分为指引标志和旅游符号两大类。旅游区标志为棕色底白色图案。图 3-7e）为旅游区方向标志，提供旅游区的名称、有代表性的图案及前往旅游区的方向，设在高速公路出口附近及通往旅游区各连接道路的交叉口附近。

⑥道路施工安全标志

道路施工安全标志分为路栏、锥形交通路标、施工警告灯号、道口标柱、施工区标志和移动性施工标志。如图 3-7f）所示右道封闭标志属于施工区标志，是用于通告高速公路及一般道路交通阻断、绕行等情况的标志，一般为长方形、蓝底白字，图案部分为黄底黑图案，设置在道路养护、施工前适当位置。

通过多媒体教学或现场讲解使学生了解常见的道路交通标志的含义，各个标志设置的地点，交通实体依据交通标志的实际运行状况。

（4）道路交通标线

了解道路交通标线的线型（实线、虚线）、颜色（黄、白）和符号表达的交通含义，观察交叉口与路段标线的施划方法，交通实体依据交通标线的实际运行状况。

(5)交通调查

交通调查是指通过实测与分析判断,掌握交通状态及有关交通现象的工作过程,是获取交通资料的基本手段。交通调查大致可分为两种:一种是为了掌握交通流的各种现象,以道路上的车辆为对象的调查;另一种是为明确人们的活动特性而进行的调查。具体调查内容、方法和表格设计参考交通调查实验指导书部分。

(6)停车设施

对路外停车场,重点了解收费方式和标准、车位划分、出入口、通道、主体结构和附属设施(包括排水、通风、防火、通信设施等);对路边停车场,重点了解设置位置、对行车的影响和停车计时器。

(7)公共交通

了解公共交通工具的种类、特点及使用情况;对自己经常乘坐的公交车路线的站点布设、步行距离等提出意见。

(8)交通枢纽

参观重要的客、货运枢纽,包括机场、火车站、客运站、码头等。

(9)交通指挥中心

参观交通指挥中心,了解其硬件和软件组成、功能和实现方法与过程、优缺点及发展趋势等。

(10)交通环境

了解交通噪声、废气对环境的影响,以及当前为保护环境而采取的措施,公路建设中为控制水土流失、保护植被等方面采取的措施。

(11)交通规划软件与仿真软件的介绍

通过多媒体教学,用 PowerPoint 演示交通规划与交通仿真等的主流软件,使学生对相关专业软件有一个初步的认识。

2. 关于仪器设备的应用

选择一些较先进的、平时实验课上不便于使用的仪器设备,对学生进行详细讲解,使其掌握具体的操作过程并能够实际应用,如交通量调查的视频检测系统(Autoscope)和 MetroCount。

1)视频检测系统(Autoscope)

(1)概念

其为一种具有高分辨率彩色影像侦查和变焦镜头的监视系统,以简单的设定、配置和视频压缩为特色。

(2)工作原理

结合视频图像和电脑化模式识别技术,通过视频录像和计算机模仿人眼功能,模拟各种检测器来获取各种交通信息。

(3)结构

系统由摄像机、通信系统和中央控制系统组成。具体如图 3-8 所示。

(4)操作规程

仪器使用操作规程如下:

①在交通控制中心或想要运行视频检测系统的其他地点安装仪器设备。

②编辑视频检测系统(包括大小、方向和位置以检测精度等)。

③通过视频显示装置实时检测。

④数据采集,视频输出数据(包括流量、占有率、速度、车辆类型以及其他特定时间段上的交通数据)。

⑤数据处理。

⑥分析并得出结论。

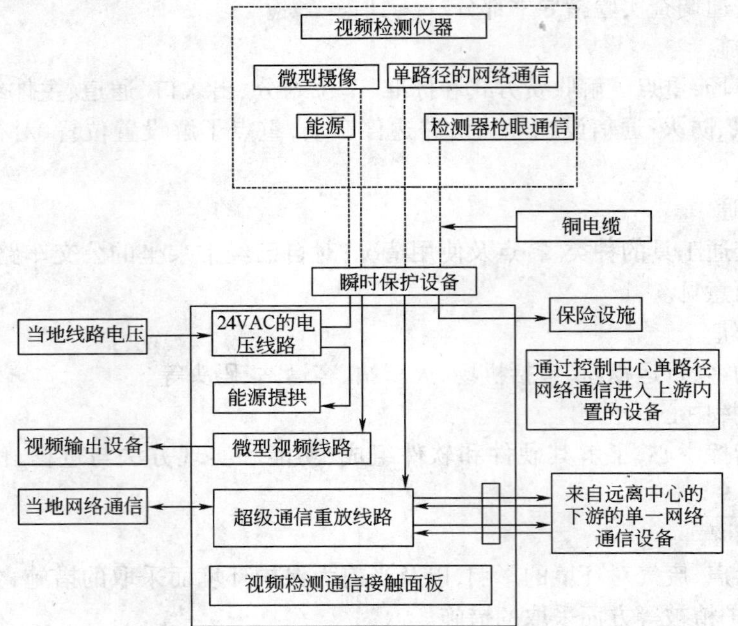

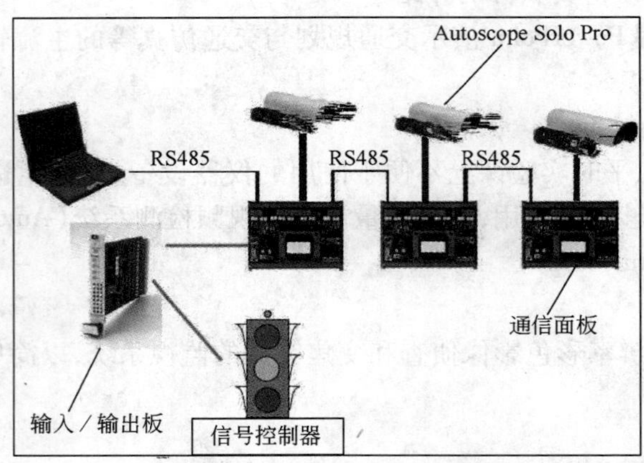

图 3-8 视频监测系统组成

2)Metro Count

(1)Metro Count 三种工作模式

其三种模式为无效模式、延迟模式和采集模式。无效模式是路旁单元未工作的状态。在此状态,路旁单元不记录任何数据,但保留已存信息。路旁单元通过设置可以直接进入数据采集模式。在此模式下,路旁单元记录车轴通过气压管传感器的信号,并进行一定数量的整理工作。数据采集起始时间也可以被延时到第 10d,在延时期内,路旁单元处于激活状态,但不记录传感器的信号。

(2)路旁单元的 LED 指示状态

MetroCount 有三个状态指示灯，位于气压管传感器一侧（图 3-9）。路旁单元处于两种激活状态时，A 和 B 两种状态指示灯处于工作状态。当气压管传感器或压电传感器被一个车轴脉冲触发时，相应的 LED 状态指示灯将会闪亮，这会便于检查传感器的安装情况，并可轻松的鉴别问题所在，如各种阻碍等。

心形的 LED 状态指示灯用于指示路旁单元的当前工作状态，详述见表 3-1。

图 3-9　MetroCount

心形 LED 与工作状态　　表 3-1

	状　态
闪烁：每 8s 一次	无效模式：路旁单元在没有使用时的显示状态
闪烁：每 2s 一次	延时记录模式：路旁单元处于激活状态，并正在等待开始记录时间
闪烁：每 1s 一次	数据记录模式：路旁单元处于激活状态，并正在记录传感器信号
点亮	通信激活：路旁单元正处于待命状态
熄灭	数据传递进行时：路旁单元正在上传数据，或通过软件正进行交通量浏览

（3）路旁单元通信

MetroCount 系列路旁单元采用标准的 RS 232 通信接口进行控制，在台式或笔记本电脑上运行 MCSurve。电脑通过提供的通信数据线，与 MetroCount 的圆形接口相连。

在现场工作，最理想的是使用笔记本电脑，这可以使路旁单元从一个位置直接移动到另一位置，而不需将它再带回办公室进行设置。如果没有笔记本电脑，在办公室设置路旁单元时，可以使用延时启动方式。

（4）车辆分型统计系统的安装

路旁单元能以多种方式安装，可以使用一个或两个气压管传感器。最常用的方法是采用车辆分型统计布置方式。这种方法需要平行布置两条气压管传感器，大约距离 1m 远，其中最重要的是气压管传感器的结构，应使用橡胶气压管型传感器。

①安装位置选择

选择位置时，被指定位置的许多因素会影响记录数据结果的质量，当选择检测位置时，要考虑以下内容；当一些位置不可避免时，考虑数据质量的负面影响非常重要。

A. 所选择的位置一定使车辆能够匀速的通过气压管传感器，如果可能，要避免选择那些会让车辆加速或减速的位置，如转弯、陡坡、交通灯或十字路口处。

B. 一定要避免选择车辆会停在气压管传感器上的位置。

C. 一定要使车辆垂直通过气压管，避免选择那些会斜向通过气压管的位置。

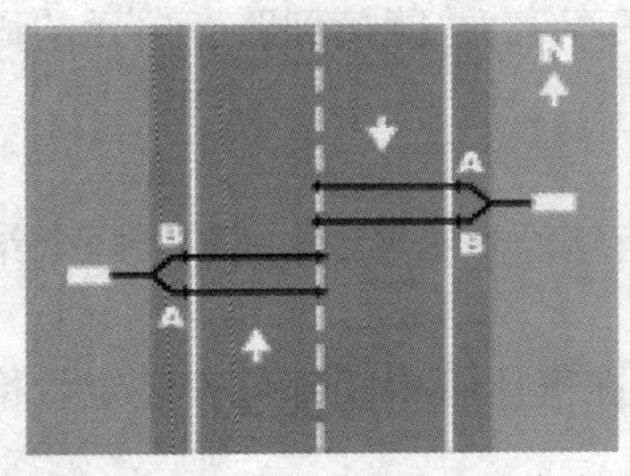

图 3-10　双向车道的最佳安装模式示意图

D. 避免那些由于突然转向或换道而只通过一个气压管的位置。

E. 要为路旁单元选择一个安全合适的位置，避免线杆或树木之类的障碍物。

②双向两车道安装位置

最佳的安装方式是每条车道安装一台路旁单元，以保证在指定位置有最佳的数据检测效果，如车流量、车型及车速。具体位置见图 3-10。

③单向多车道安装位置

在单向多车道的情况下，必须让每条车道单独使用一台路旁单元，设置时可参考图 3-11。

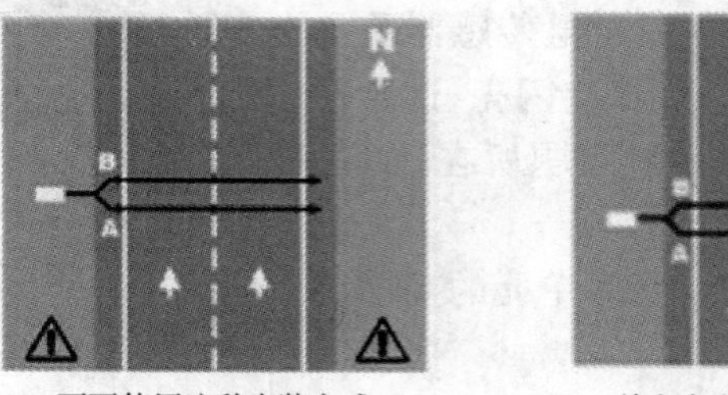

不要使用这种安装方式　　　　单向车道的最佳安装方式

图 3-11　单向多车道安装位置示意图

④气压管的安装

采用车辆分型布置方式的路旁单元安装，其技术方法同样适用车流量统计布置方式安装。

A. 束一个 8 字形钢丝环

a. 将气压管的一端放在 8 字形钢丝环的大环上（图 3-12）。

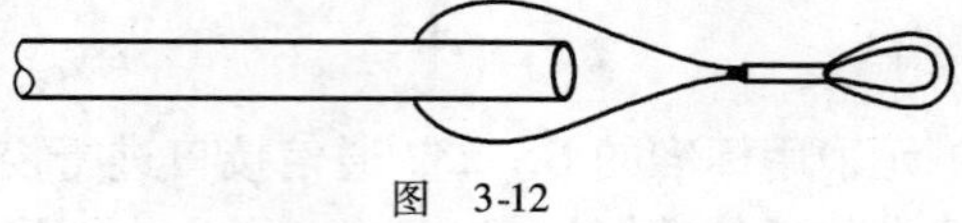

图　3-12

b. 拧 8 字形钢丝环成两个环，并将之滑到气压管的末端（图 3-13）。

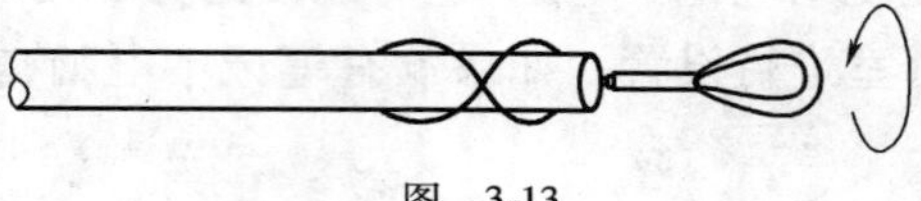

图　3-13

c. 将两个环束在一起，并推到气压管所需要的部位（图 3-14）。

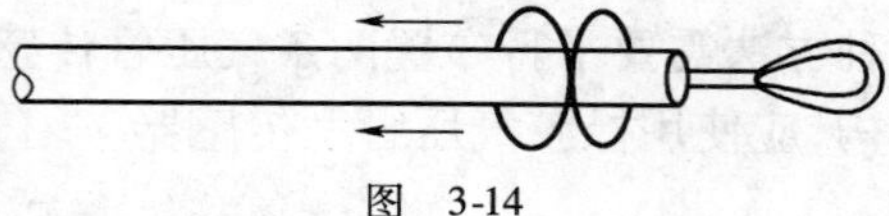

图　3-14

B. 安装气压管（图 3-15）

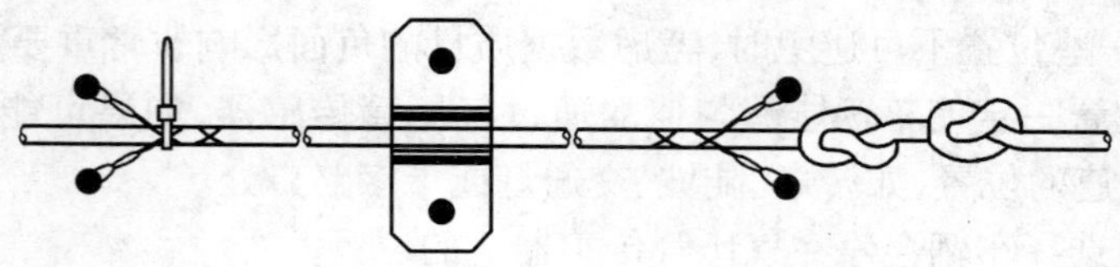

图　3-15

a. 准备两根相同足够长度的气压管，使其能够通过要检测的车道，并能接到路旁单元的固定点上。

b. 量出 1m 长的距离，做出记号，作为气压管的安装间距。

c. 每一根气压管的一端要用两个钢丝环扎上，并在气压管有钢丝环一端，分别系上两个结用以密封气压管。

d. 用路钉穿过钢丝环孔，将气压管固定在路上，并根据需要在气压管中间部位安装定位橡胶片，并用路钉固定，减小气压管的横向移动。

e. 将不锈钢外壳的托盘打开，将两个气压管从手柄处穿入，将 PVC 主系统单元放在托盘内，并将每根气压管分别插在适当的气压传感器上。

f. 将托盘推入外壳，固定路旁单元。

(5)路旁单元的设置

①防反弹设置

路旁单元的数字防反弹功能用于消除假的车轴信号，这些信号往往是由于气压管安装有误差，或由车辆的缓慢运动，使车轮一起一伏通过气压管所造成的。为了减少假车轴信号的数量，并不去除真实信号，选择防反弹时间是非常重要的。

②方向代码设置

为了保持数据的一致性，采用常规方向代码设置非常重要（在靠近路旁单元一侧的车道上，气压管 A 应该是先被气压管通过的）。

表 3-2 以单车道为例对此进行了说明。

单向车道方向代码　　表 3-2

方向代码	示　例	方向代码	示　例
1 北向 A 在前	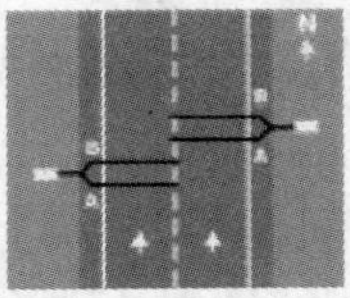	2 东向 A 在前	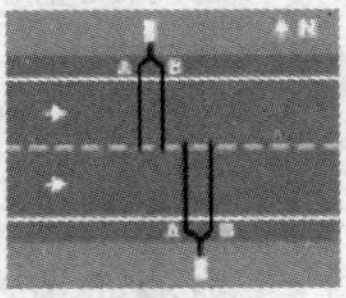
3 南向 A 在前	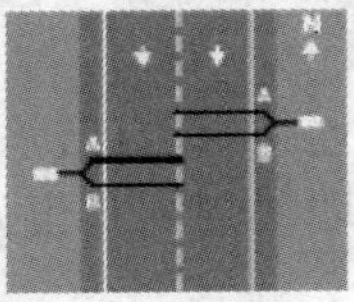	4 西向 A 在前	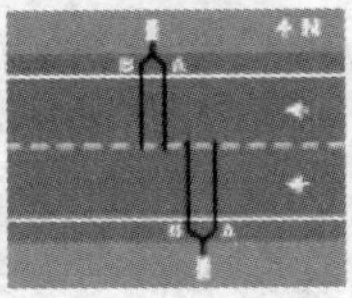

(6)流量统计布置方式安装

表 3-3 为一些流量统计布置方式示例。

流量统计布置方式示例　　表 3-3

气压管布置方式	说　明
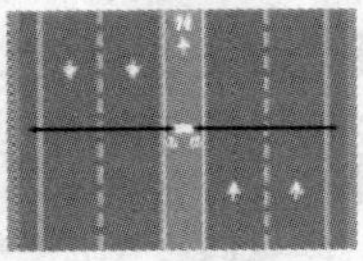	分离模式：每个气压管单独使用
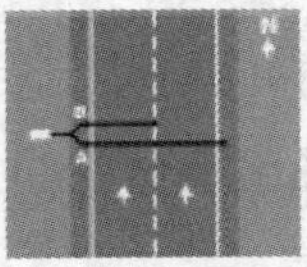	缺口模式：用于获得通过多条车道的车轴信息，左车道的信息只来自 B 通道，右边车道的车轴信息可以通过 A 通道信息减去 B 通道信息。MCReport 能够熟练地处理必要的信息

3. 根据实际交通问题提出实习任务

立足于交通管理与控制、交通设计，根据具体的城市交通问题，如交叉口的优化设计、公交服务改善、枢纽与停车等提出实习任务。要求学生在交通调查的基础上，分析存在的分析及其原因，并提出优化设计方案。实习时可根据学生人数的多少分成若干小组，分配不同的实习任务；或针对同一任务，从不同角度加以分析。

以交叉口优化设计为例，进行说明如下：

1)资料的收集

收集交叉口大比例尺地形图、交叉口周围路网图和土地使用状况、交叉口以往交通量和交通事故调查资料等。

2)交通调查

交叉口的调查主要是为分析交叉口问题及优化、改善提供依据。要求在进行现场勘察的基础上,调查现有的管控方式,明确存在的主要交通问题,并设计具体的交通调查方案,包括:

(1)调查内容

一般包括现有交叉口的信号灯配时情况(周期长度、绿灯时间、红灯时间、黄灯时间)、现有交叉口的信号灯相位方案(两相位还是三相位)、各进口的车道数及渠化情况、各进口的交通量(包括总量、公交车数量、货车数量及左转车数量,若交叉口已经设有信号灯,则分周期来统计)、延误和排队情况等。

(2)调查方法

说明各项调查内容的调查方法,并说明为什么采用这种方法,是否有其他方法可以替代。

(3)制订调查方案

确定调查时间,准备调查表格、计数器、铅笔、书写板、秒表等调查用具,明确相关组织与安排等。

(4)调查实施

(5)调查成果的汇总与处理

3)问题分析、确定规划与设计的具体方针

对收集到的资料和数据进行研究,对交叉口的通行能力进行验算,分析现有流量和通行能力的关系;明确交叉口问题的症结所在,对症下药,明确规划与设计的限制条件,确定规划与设计的基本方针。

4)交叉口优化设计方案研究

研究交叉口交通控制方法和交通处理能力;制订若干个交叉口初步设计方案,并进行比较选择;对推荐方案进行详细设计。

5)方案实施与效果评价

交叉口改善设计方案评审通过后,方可实施;之后,必须进行效果评价工作。效果评价的调查内容包括交通量、通行能力、阻塞排队长度、交通事故状况等,具体需要根据改良的目的确定。

评价工作一般要超出实习期限,但作为实习成果的总结与检验,应在适当时间进行或使同学了解其他有关部门的评价情况。

6)关于交叉口配时设计和交叉口通行能力计算的补充说明

(1)交叉口的配时

交叉口的信号配时可采用美国法、英国法(TRRL)和澳大利亚法。采用美国法进行信号灯配时设计的具体步骤如下。

①各进口等效交通量计算:

$$\text{等效交通量}\ V_e = \frac{V + 0.5H + 0.6L}{n} \tag{3-1}$$

②交叉口等效交通量计算:

$$V_e = \max(\text{东},\text{西}) + \max(\text{南},\text{北}) \tag{3-2}$$

③周期长度计算:

$$\text{周期长度}\ T = \frac{13\,330P}{1\,333 - V_e} \tag{3-3}$$

④绿灯时间计算：

$$总绿灯时间\ G = T - 2 \times 黄灯时间 \tag{3-4}$$

$$东西方向绿灯时间 = G \times \frac{东西方向进口交通量最大值}{交叉口等效交通量} \tag{3-5}$$

⑤绿灯时间检验

其他方法的介绍可参考《交通工程手册》和其他相关教材。各种配时方法所需要的调查资料不完全相同，对此应引起重视。

(2)信号交叉口通行能力的计算

信号交叉口通行能力的计算方法采用《城市道路设计规范》(CJJ 37—1990)中推荐的停车线断面法。十字形交叉口的设计通行能力等于各进口设计通行能力之和，进口道通行能力等于各车道设计通行能力之和。

十字形信号交叉口设计通行能力的计算公式如下。

①一条直行车道的设计通行能力 C_s：

$$C_s = \frac{3\,600}{T}\left(\frac{t_g - t_0}{t_i} + 1\right)\varphi \tag{3-6}$$

式中：T——信号灯周期(s)；

t_g——绿灯时间(s)；

t_0——绿灯亮后，第一辆车启动、通过停车线的时间(s)；

t_i——直行或右行车辆通过停车线的平均时间(s/pcu)；

φ——直行车道通行能力折减系数；

②直右车道的通行能力 C_{sr}：

$$C_{sr} = C_s \tag{3-7}$$

③直左车道的通行能力 C_{sl}：

$$C_{sl} = C_s(1 - \beta'_1) \tag{3-8}$$

β'_1——直左车道中左转车所占比例。

④直左右车道的通行能力 C_{slr}：

$$C_{slr} = C_{sl} \tag{3-9}$$

⑤交叉口进口道的设计通行能力

A. 进口设有专用左转、右转车道 C_{elr}：

$$C_{elr} = \sum C_s/(1 - \beta_l - \beta_r) \tag{3-10}$$

式中：$\sum C_s$——本面直行车道通行能力之和；

β_l、β_r——分别为左右转车占本面进口道车辆的比例。

专用左转车道的设计通行能力 C_l：

$$C_l = C_{elr} \cdot \beta_l \tag{3-11}$$

专用右转车道的设计通行能力 C_r：

$$C_r = C_{elr} \cdot \beta_r \tag{3-12}$$

B. 进口设有专用左转、未设专用右转车道 C_{el}：

$$C_{el} = (\sum C_s + C_{sr})/(1 - \beta_l) \tag{3-13}$$

式中：C_{sr}——本面直右行车道通行能力。

专用左转车道的设计通行能力 C_l：

$$C_l = C_{el} \cdot \beta_l \tag{3-14}$$

C. 进口设有专用右转、未设专用左转车道 C_{er}：

$$C_{er} = (\sum C_s + C_{sl})/(1 - \beta_r) \tag{3-15}$$

式中：$\sum C_s$——本面直行车道通行能力之和；

C_{sl}——本面直左车道设计通行能力。

专用右转车道的设计通行能力 C_r：

$$C_r = C_{er} \cdot \beta_r \tag{3-16}$$

D. 通行能力折减 C'_e：

$$C'_e = C_e - n_s(C_{le} - C'_{le}) \tag{3-17}$$

六、总体注意事项及要求

1. 要求每个学生必须参加所安排的实习全过程，并完成实习指导老师下达的任务，撰写实习日记和实习报告。

2. 遵守纪律、按时出勤。

3. 听从组长和指导老师的指挥，不乱跑动。

4. 注意交通安全。

七、实 习 要 求

要求每个学生必须参加所安排的实习全过程，并完成实习指导老师下达的各项任务，记录实习日志，撰写实习报告。

八、成绩考核与评定

根据学生的平时表现和实习成果两方面进行成绩考核与评定，其中实习成果主要检查学生是否完成了规定的实习项目，完成的深度如何及实习收获等。成绩分为优、良、中、及格和不及格五个等级。

九、保 障 措 施

1. 提前设计并复印好调查表格，准备好调查需要的夹子、笔、纸等。

2. 做好出行准备，结合本次实习的特点，学生要按时前往调查地点。实习用车由指导老师联系。

3. 为保证安全及实习效果，指导老师每天进行巡视和现场指导，每天早晚进行考勤。

十、作业及思考

1. 在实习过程中，注意对各种交通现象的观察。

2. 思考调查数据后期处理如何进行，仪器观测结果与实际交通情况的差异、原因。

3. 不同方法进行信号灯配时设计，调查数据有哪些异同？用英国法进行配时，还需要调查哪些数据？

4. 记录实习日志。

5. 撰写交通工程实习报告。

第四章　毕业实习指导

一、实 习 时 间

实习时间为两周。

二、实 习 地 点

交通基础设施建设领先的大城市，如北京、上海等。

三、实 习 目 的

毕业实习是本科学生完成大学课程后，毕业设计（论文）开始之前的一次综合性实习。通过此次实习希望达到以下目的：

1. 通过实习，深入理解交通规划、交通管理与控制、交通安全、交通设施、交通仿真、路基路面工程、立交工程、城市轨道交通等课程在实际中的应用，以及这些课程之间的衔接。

2. 全面认识交通工程专业，进一步了解本专业能够在国民经济生产中能解决哪些问题，起到哪些作用。

3. 为搞好毕业设计增加感性认识，为毕业后走向工作岗位做好准备。

四、实 习 形 式

请当地专家在室内进行专题介绍，实地参观、介绍。

五、实 习 内 容

1. 通过对大城市道路交通情况、路网构成极其严格地调查与了解，明确城市道路在城市发展中的作用，进而掌握各种路网结构形式对交通的适应性，大城市的路网结构交通特性。

2. 了解实习所在城市的交通规划、交通管理规划情况。

3. 了解交通管理措施的实施情况、实施效果，如组织单向交通、实施公交专用道等的情况及其效果。

4. 通过对大城市各种交通工程（立交、平交、点控、线控等）设施的调查了解，明确其设置条件、使用条件及其效果。

5. 熟悉各种立体交叉组成及设计特点、构造特点及适应情况。

6. 了解道路的横断面构成、特点及适用性。

7. 了解大城市出、入口道路的布局及断面过渡形式。

8. 了解城市远郊风景旅游道路的设计特点及适用性。

9. 了解城市大型客运综合交通枢纽的设计及运营组织情况。

10. 了解城市停车设施的基本情况、具体措施及其效果。

11. 参观实习地所在城市的地铁、轻轨等轨道交通。

12. 参观实施地所在城市的交通管理控制中心，深入了解其构成、功能、使用情况及作用等。

六、实 习 报 告

实习结束后，每个同学必须呈交一份实习报告。报告内容应将实习内容与具体的参观内容、专题介绍结合起来。指导教师可根据实习所在城市的具体情况，预先给出一些问题，使学生能有针对性地参观、讨论，便于撰写实习报告。

七、实 习 要 求

1. 按时抵达实习地点，作息时间服从安排。
2. 遵守实习的各项纪律。
3. 遵守当地治安条例及交通规则，注意交通安全。
4. 凡违反实习纪律，经教育不思悔改者，立即遣返回校，按实习不通过处理。

八、实习日程安排

根据实习所在城市的交通情况，交通设施建设情况，交通工具(车辆)的安排，专家的讲授时间，参观单位的接待能力、时间安排等，由指导教师现场确定每天的实习内容。

第二部分　课程设计、上机指导

第五章　课程设计指导

第一节　交通规划设计指导

为使交通运输适应国民经济发展和人民生活需要，必须对交通发展制订出全面的规划。道路交通规划是综合交通规划的一个组成部分，在综合交通规划的基础上进行，为区域或城市道路的投资、建设，提供科学的决策依据。交通规划理论中进行区域交通需求预测常用方法是四阶段法，即交通产生预测、交通分布预测、交通方式预测和交通网路分配预测。

狭义的交通规划通常是指根据历史和现状的交通供需状况和地区的人口、经济和土地利用之间的相互关系的分析研究，对地区未来不同人口、土地利用和经济发展情形下，进行交通运输发展需求的分析和预测，确定未来交通运输设施发展建设的规模、结构、布局等方案，并对不同方案进行评价比选，确定推荐方案，同时提出建设实施方案（包括建设项目时序、投资估算、配套措施等）一个完整的过程。

一、课程设计目的及意义

通过把课程中学到的知识，应用并指导于具体的设计工作，使学生达到以下目的：

1. 进一步加深对所学基本理论知识的理解和掌握，完善理论和实践的衔接。
2. 通过设计，使学生熟悉交通规划设计的基本内容和程序，了解和熟悉现行的国家行业标准和规范。
3. 学会收集及查找相关资料的方法和途径。
4. 培养学生运用所学知识分析问题、解决问题的能力。
5. 训练学生严谨求实的工作作风。

二、课程设计基本要求

1. 依据分组情况合理分工，各组均独立、按时、按质、按量完成本课程设计。
2. 充分理解并掌握相关理论，熟悉行业规范以及设计流程。
3. 完成设计项目后，将设计任务书、说明书、计算书、设计图纸按要求装订成册。
4. 学分及时间安排：本课程设计为期一个星期，以五个学习日计。具体安排见表 5-1。

表 5-1

工作内容	时间	工作内容	时间
明确设计任务、熟悉设计资料、收集有关资料	0.5d	交通备选方案拟定、比选	1d
调查数据分析与问题诊断	1d	整理设计计算书及图纸	1d
交通建模	1.5d		

三、注意事项

1. 本课程设计须由学生依据分组情况合理分工，各组均独立自主完成，严禁抄袭。抄袭者以零分计。

2. 严肃考勤纪律，设计应在设计教室完成，不得无故缺席。

3. 设计应按行业最新规范的要求进行。

四、设计内容及任务

1. 交通量(客流量)调查、数据录入及数据错误检测。
2. 交通问题诊断和分析。
3. 交通预测模型建立。
4. 交通预测模型检验。
5. 交通规划备选方案的拟定。
6. 方案比选。
7. 计算机程序设计(选做)。

五、设计方法及步骤

1. 调查数据录入错误检测方法

根据交通规划目的，收集资料，分析规划研究的性质、分析方法及当地自然条件限制及可行解决方案框架。

(1)资料收集

包括交通数据、用地数据、规划发展相关数据，由规划问题确定选择资料范围。

(2)数据录入文件分析

依据对交通问题的判断，确定问题分析时各种数据的可能区间、数据校核内容及方法，撰写数据分析报告。

(3)发展条件分析

依据规划设计对象，收集备选方案拟订时的备选方案设计资料。

2. 交通问题诊断

发散思维，从各种可能原因的角度提出潜在的交通问题，提出论证存在问题的方法，依据调查资料进行论证并作简要总结，清晰地陈述出理由。

3. 交通预测模型建立

根据备选方案比选需要，拟订交通预测模型的备选范围，并从四阶段模型、趋势模型、类比模型中选择合适模型形式，进行建模。

4. 交通预测模型检验

(1)依据备选模型计算预测模型值。

(2)通过定性、定量方法检验模型。

5. 拟订规划备选方案

(1)确定备选方案拟订理由。

(2)拟订备选方案。

6. 方案比选

通过预测模型与规划备选方案的结合分析,得出不同方案定型、定量的优缺点,提出推荐方案及理由。

7. 计算机程序设计

本设计相关计算尽量用计算机程序实现(选做)。

六、成果提交及成绩考核

学生应完成有关的设计文件的编写及相应的施工图的绘制,并提交下述成果。

1. 设计计算书(1 份)

要求:应目次分明,内容翔实,文笔流畅,书写工整,插图整洁,以 16 开纸按学校规定的要求装订成册。

2. 设计图纸(3 号图,若干张)

要求:图纸应布局合理,比例适当,图面清洁美观,标注清晰明了。

3. 考核与成绩评定

(1)考核内容

设计说明书的编写是否符合规范,设计方案是否合理,计算是否正确,施工图绘制是否符合要求等。

(2)成绩评定

①课程设计成绩根据平时考勤、设计成果质量按五级记分评定方法评定。凡成绩不及格者,必须重修。

②平时考查,主要检查学生的出勤情况、学习态度、是否独立完成设计等的目的要求,突出学生独立解决工程实际问题的能力和创新性的评定。

③课程设计的成绩按优秀、良好、中等、及格和不及格五级评定。

七、教材及参考资料

1. 交通调查与规划原始数据、图纸、规划资料。
2.《城市道路交通规划设计规范》(GB 50220—1995)。
3. 枢纽、停车场、车辆相关技术规范。
4.《公路工程技术标准》(JTG B01—2003)。
5.《统计学原理》。
6.《Analytical Transportation Planning》,AliMekky。
7.《Urban Transportation Planning》,Mayor&Miller。
8.《停车设施规划》,王元庆、周伟著,人民交通出版社。
9. 其他自行收集的相关资料。

第二节　交通工程设施设计指导

一、课程设计的目的和意义

安全设施是高速公路交通工程的重要组成部分，包括交通标志、标线、护栏、防眩设施、隔离设施和视线诱导设施等。它直接影响着高速公路"快速、安全、舒适"功效的发挥以及经济效益的实现，对减轻事故的严重度，排除各种纵横向干扰，提供视线诱导，增强道路景观起着重要的作用。

我国对交通安全设施的系统研究开始于20世纪80年代，初期主要结合我国国情和道路特点，对交通安全设施的材料、结构形式和设计原则等展开了全面的研究。目前，交通安全设施的应用正朝着国际统一化和新型材料的研究应用方向发展。在标志方面，加强了对高亮度反光膜、吸能型自发光标志等新产品的研发；在标线方面，注重对新型涂料进行研发；对防撞护栏，将从最大限度地保障人、车安全，降低事故严重度的角度出发，研制高吸能、经济、耐久的新型护栏及缓冲防撞系统；在防眩和隔离设施方面，则注重经济、美观，对驾驶人心理影响小和对风雪阻挡少的新型材料及结构形式的研究。

《交通工程设计》课程设计教学的性质在于加强、加深学生对《交通工程设计》课程内容理论与方法的认识；目的在于交通工程设计的理论、方法与实践有机地结合，使学生能熟悉、掌握各种交通工程设施，特别是交通安全设施具体的设计内容、设计方法等，同时对交通工程 AutoCAD 进一步掌握，增强实际动手能力；任务是使得交通工程专业的学生能进一步掌握交通工程设计的范畴、设计的内容、要点，以及如何协调交通工程设计与道路主体工程设计的关系。

二、课程设计内容和基本要求

1.课程设计内容

（1）交通标志的布设、版面设计、结构设计、结构验算。

（2）交通标线的布设、横断面设计、沿道路纵向设计、立交三角端出入口标线设计、收费广场标线设计。

（3）波形梁护栏、混凝土护栏的布设，标准段、渐变段、过渡段的结构设计。

（4）金属网隔离栅结构设计，防眩板结构设计，突起路标、轮廓标的布设。

2.基本要求

进行课程设计需要的背景知识和技能为：道路工程、交通工程、桥梁工程、材料力学、结构力学、计算机应用能力等；要求学生能熟悉掌握各种交通安全设施设计的布设原则、结构设计关键点。

三、课程设计方式与安排

课程设计采用提供实际工程背景资料的方式进行，根据人数多少适当分成几个小组，每个小组根据课程设计要求完成设计并提供一份设计材料；交通安全设施设计内容讲授完毕后，可进行课程设计，时间为1周。

四、课程设计报告

1. 课程设计报告的主要内容

(1)交通标志设计

①交通标志布设(表)。

②指路标志版面设计图(3 张)。

③指路标志结构设计图。

④一个指路标志结构验算书。

(2)交通标线设计

①交通标线布设(表)。

②标线沿横断面设计图、沿道路纵向设计图。

③立交三角端出入口标线设计图。

④收费广场标线设计图。

(3)波形梁护栏设计

①波形梁护栏设计图(双波、三波)。

②混凝土护栏布设表,标准段、渐变段、过渡段的结构设计图。

(4)金属网隔离栅结构设计图,防眩板结构设计图,突起路标、轮廓标布设表

2. 课程设计报告编写的基本要求

课程设计报告图表规范,电子制图、验算书内容正确,设计内容按交通标志、交通标线、护栏、隔离栅、防眩板、视线诱导设施进行归类。

五、成果提交及成绩考核

学生应完成有关的设计文件的编写及相应的施工图的绘制,提交下述成果。

1. 设计计算书(1 份)

要求:应目次分明,内容翔实,文笔流畅,书写工整,插图整洁,以 16 开纸按学校规定的要求装订成册。

2. 设计图纸(3 号图,若干张)

要求:图纸应布局合理,比例适当,图面清洁美观,标注清晰明了。

根据以上分析和计算结果,利用相关绘图软件(建议用 AutoCAD)绘制所设计的交通工程设施,并用 A3 纸打印。其主要包含以下内容:

(1)交通标志的外廓尺寸设计、结构设计、版面设计,附结构验算说明书。

(2)路段交通标线的设计图、出入口匝道三角段标线设计图、收费广场标线设计图。

(3)波形梁护栏板设计图、立柱设计图、基础设计图、连接构件(防阻块、连接螺栓、拼接螺栓等)设计图。

(4)隔离栅网面、立柱设计。

(5)防眩板结构及施工图设计。

3. 考核与成绩评定

(1)考核内容

设计说明书的编写是否符合规范,设计方案是否合理,计算是否正确,设计图绘制是否符合要求等。

(2)成绩评定

①课程设计成绩根据平时考勤、设计成果质量按五级记分评定方法评定。凡成绩不及格者,必须重修。

②平时考查主要检查学生的出勤情况、学习态度、是否独立完成设计等的目的要求,突出学生独立解决工程实际问题的能力和创新性的评定。

③课程设计的成绩按优秀、良好、中等、及格和不及格五级评定。

六、与其他课程的联系

该课程设计与道路工程、结构力学、交通工程学原理、交通工程设计、交通工程 AutoCAD 联系紧密,进行课程设计时需先修这些课程,这样才能做好该课程设计(课程设计涉及道路主体工程结构、交通流特征、力学验算、绘图等)。

七、教材及参考资料

1.《交通工程设施设计》,李峻利主编,人民交通出版社,2001。

2.《交通工程设计理论与方法》,马荣国、杨立波主编,人民交通出版社,2002。

3.《道路交通标志和标线应用指南》,杨久岭、刘会学主编,中国标准出版社,1999。

4.《道路交通标志和标线》(GB 5768—1999),中国标准出版社,1999。

5.《高速公路交通安全设施设计规范》(JTG D81—2006),人民交通出版社,2006。

6.《高速公路交通安全设施施工技术规范》(JTG F71—2006),人民交通出版社,2006。

第三节 轨道交通设计指导

一、课程设计题目

地铁车站平面设计。

二、课程设计目的及意义

通过把课程中学到的知识,应用并指导于具体的设计工作。

1. 进一步加深对所学基本理论知识的理解和掌握,完善理论和实践的衔接。

2. 通过设计,使学生熟悉轨道交通车站设计的基本内容和程序、了解和熟悉现行的国家行业标准和规范。

3. 学会收集及查找相关资料的方法和途径。

4. 培养学生运用所学知识分析问题,解决问题的能力。

5. 培养学生严谨求实的工作作风。

三、课程设计基本要求

1. 独立、按时、按质、按量完成本课程设计。

2. 充分理解并掌握相关理论,熟悉行业规范以及设计流程。

3. 完成设计项目后,将设计任务书、说明书、计算书、设计图纸按要求装订成册。

4. 时间安排:本课程设计为期一个星期,以十个学习日计。具体安排见表 5-2。

表 5-2

工作内容	时间	工作内容	时间
明确设计任务、熟悉设计资料、收集有关资料	1d	站台等的建筑设计	1.5d
车站选址、车站规模的确定	1.5d	整理设计计算书及图纸	1.5d
车站平面布置	1.5d		

四、注 意 事 项

1. 本课程设计须由学生独立自主完成,严禁抄袭。抄袭者以零分计。

2. 严肃考勤纪律,设计应在设计教室完成,不得无故缺席。

3. 设计应按行业最新规范的要求进行。

五、设计内容及任务

1. 车站选址及规模的确定。

2. 车站平面设计。

3. 站台设计。

4. 跨线设备及垂直交通设计。

六、设计方法及步骤

1. 车站选址及规模的确定

最大程度的吸引客流:设置位置合适,设备完善,且能满足 15 ~ 20 年后的高峰小时客流量。

2. 车站平面设计

(1)地面出入口设计

尽量使其与地面交通车站、停车场靠近,尽量与地面建筑结合(也可独立设置)。

(2)中间站厅设计

为了不占用地面空间,地下车站的中间站厅一般设在地下一层,其主要功能是:集散客流、检售票、服务、设置管理与设备用房。

(3)车站组成(图 5-1)

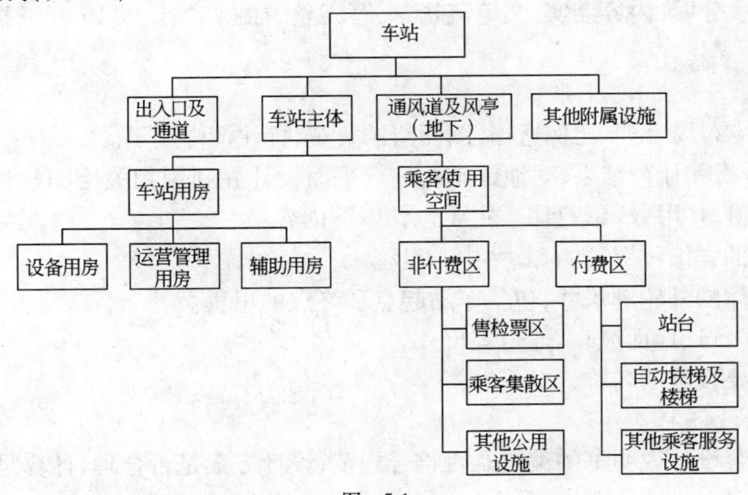

图 5-1

(4)检售票、楼梯和通道设施设计

参考《城市轨道交通规划与设计》(毛保华,人民交通出版社)第八章城市轨道交通车站设计。

3. 站台设计

设在地下二层,供列车停靠、乘客上下的功能层,由站台、线路(股道)、乘降设备等组成。

(1)站台类型选取

岛式站台与侧式站台进行优缺点比较后选取适合的站台形式。

(2)站台长度确定

由列车长度决定,列车长度则是车辆长度与编组辆数的乘积。

(3)站台宽度确定

站台宽度根据高峰时段客流候车、上下集散的需要计算。

(4)站台高度计算

站台平面与车辆车厢内地板尽量保持同一水平面。

(5)轨道中心线与站台边缘距离计算

该值决定了车门与站台边缘缝隙的大小,施工误差小于等于10mm。

4. 跨线设备及垂直交通设计

(1)跨线设施

由于城市轨道交通列车的速度快、密度高,要求整个线路封闭程度较高。考虑到乘客候车安全,应设置跨线设施。

(2)垂直交通

高架站和地下站与地面的联系必然通过垂直交通来疏导旅客,天桥或地道跨线设施也需要垂直交通。

关于车站的具体设计方法可参考教材及相关资料的城市轨道交通车站的内容。

七、成果提交及成绩考核

学生应完成有关的设计文件的编写及相应的施工图的绘制,提交下述成果。

1. 设计计算书(1份)

要求:应目次分明,内容翔实,文笔流畅,书写工整,插图整洁,以16开纸按学校规定的要求装订成册。

2. 设计图纸(3号图,若干张)

要求:图纸应布局合理,比例适当,图面清洁美观,标注清晰明了。

根据以上分析和计算结果,对地铁车站进行平面设计并利用相关绘图软件(建议用AutoCAD)绘制平面图,并用A3纸打印。主要包含以下内容:

(1)站中心的详细位置,即有效站中心里程。

(2)车站主体的外轮廓尺寸,包括车站起点和终点的里程。

(3)车站出入口、地面风亭、通道等尺寸。

(4)标注主要设施的名称。

3. 考核与成绩评定

(1)考核内容设计说明书的编写是否符合规范,设计方案是否合理,计算是否正确等。

(2)成绩评定

①课程设计成绩根据平时考勤、设计成果质量按五级记分评定方法评定。凡成绩不及格者,必须重修。

②平时考查主要检查学生的出勤情况、学习态度、是否独立完成设计等目的要求,突出学生独立解决工程实际问题的能力和创新性的评定。

③课程设计的成绩按优秀、良好、中等、及格和不及格五级评定。

八、教材及参考资料

1.《地铁设计规范》(GB 50157—2003)。

2.《地铁限界标准》(CJJ 96—2003)。

3.《地铁工程设计指南》,中国铁道出版社。

4.《铁路车站及枢纽设计规范》(GB 50091—2006)。

5.《城市轨道交通概论》,孙章等著,中国铁道出版社,2003。

6.《城市轨道交通规划与设计》,毛保华,人民交通出版社,2006。

7. 工程基本资料和其他自行收集的相关资料。

第六章　上 机 指 导

第一节　交通工程 CAD 上机指导

1. 课程名称:交通工程 CAD

2. 实验课性质:独立设课

3. 适用专业:交通工程

4. 采用教材:《公路工程 CAD 基础教程》(郑益民,人民交通出版社)

5. 课程学时

课程总学时:40;学分:3;上机课时:20 课时。

6. 上机内容和学时分配(表 6-1)

表 6-1

序　号	上 机 内 容	学 时 分 配	本科/专科	分组人数	每组配置电脑
1	AutoCAD Rl4 的操作基础	2	本科	2	2 台
2	绘图预备知识	2	本科	2	2 台
3	初级绘图	4	本科	2	2 台
4	初级编辑	2	本科	2	2 台
5	显示与视窗	1	本科	2	2 台
6	中级绘图和编辑	3	本科	2	2 台
7	图块练习	1	本科	2	2 台
8	文字标注和编辑练习	1	本科	2	2 台
9	尺寸标注练习	2	本科	2	2 台
10	综合绘图练习	2	本科	2	2 台

7. 上机的目的和要求

通过实验使学生加深对理论课的理解,并在实践中对 AutoCAD 的基本操作、基本技巧有较深入的掌握,并对路线、交通工程 CAD 软件有初步的了解;要求在结课时能独立完成 AutoCAD二维图形的绘制。

8. 计算机的配置和要求

(1)硬件:内存 512 兆、17 英寸显示器、奔腾以上台式计算机。

(2)软件:WindowsXP 操作平台、AutoCAD2000 以上版本。

9. 实验课程考试方式

根据实验过程及实验课程作业综合评定,实验课实验成绩占课程总成绩的 30%。

一、AutoCAD 的操作基础

1. 上机目的：掌握 AutoCAD 系统的基本操作，会安装、设置和启动系统。

2. 上机内容：了解 AutoCAD 系统的安装、设置、启动，掌握基本操作。

3. 上机条件：应配备的主要设备见表 6-2。

主 要 设 备 表 6-2

序 号	设 备 名 称	每组应配台件数	现有台件数	备 注
1	计算机	2 台	36 台	18 组

二、绘图预备知识

1. 上机目的：认识 AutoCAD 的坐标系，掌握如何对坐标点进行选取，如何设置绘图环境以及如何对图层、线型、颜色进行控制。

2. 上机内容：认识 AutoCAD 的坐标系，学习如何对坐标点进行选取，如何设置绘图环境以及如何对图层、线型、颜色进行控制。

3. 上机条件：应配备的主要设备见表 6-2。

三、初 级 绘 图

1. 上机目的：能绘制直线、圆、弧线、椭圆、正多边形、矩形、圆环及点，会图案填充及对象捕捉。

2. 上机内容：练习如何绘制直线、圆、弧线、椭圆、正多边形、矩形、圆环及点，图案填充及对象捕捉。

3. 上机条件：应配备的主要设备见表 6-2。

四、初 级 编 辑

1. 上机目的：掌握实体选择、取消和重复、删除和复制、平移和旋转、镜像和阵列的基本操作。

2. 上机内容：练习实体选择、取消和重复、删除和复制、平移和旋转、镜像和阵列的基本操作。

3. 上机条件：应配备的主要设备见表 6-2。

五、显示与视窗

1. 上机目的：掌握比例缩放及显示与视窗的基本操作。

2. 上机内容：练习比例缩放及显示与视窗的基本操作。

3. 上机条件：应配备的主要设备见表 6-2。

六、中级绘图和编辑

1. 上机目的：掌握绘制多义线、编辑多义线、绘制填充体、折断图形、剪切图形、延伸图形以及倒角与圆角的操作。

2. 上机内容:练习绘制多义线、编辑多义线、绘制填充体、折断图形、剪切图形、延伸图形以及倒角与圆角的操作。

3. 上机条件:应配备的主要设备见表6-2。

七、图 块 练 习

1. 上机目的:掌握如何定义图块,图块如何存盘,如何插入图块以及图块的属性。

2. 上机内容:练习如何定义图块,图块如何存盘,如何插入图块以及图块的属性。

3. 上机条件:应配备的主要设备见表6-2。

八、文字标注和编辑练习

1. 上机目的:掌握单行、多行文本标注,定义文本字体样式及特殊字符的输入和文本的编辑。

2. 上机内容:练习单行、多行文本标注,定义文本字体样式及特殊字符的输入和文本的编辑。

3. 上机条件:应配备的主要设备见表6-2。

九、尺寸标注练习

1. 上机目的:掌握线性及径向尺寸标注、标注角度型及坐标尺寸,学会指引标注及编辑尺寸标注。

2. 上机内容:练习线性及径向尺寸标注,会标注角度型及坐标尺寸,学会指引标注及编辑尺寸标注。

3. 上机条件:应配备的主要设备见表6-2。

十、综合绘图练习

1. 上机目的:全面掌握 AutoCAD 制图。

2. 上机内容:在掌握了前几项的基础上进行整体绘图练习。

3. 上机条件:应配备的主要设备见表6-2。

第二节　交通仿真上机指导

1. 实验课名称:交通仿真(TrafficSimulation)

2. 实验课性质:非独立设课

3. 适用专业:交通工程

4. 采用教材:《交通系统仿真应用》(吴娇蓉,同济大学出版社)

5. 课程学时:

课程总学时:30;学分:2;实验课学时:16。

6. 上机内容和学时分配(表6-3)

表 6-3

序号	实 验 名 称	实 验 内 容	学时分配	实验类别	实验者类型	必开/选开
1	宏观交通仿真软件	路网编辑	2	专业类	本科生	必开
2		交通需求分析	2	专业类	本科生	必开
3		交通分配	2	专业类	本科生	必开
4		仿真结果分析	2	专业类	本科生	必开
5		数据输出及路网分析	2	专业类	本科生	必开
6	微观交通仿真软件	路网编辑	2	专业类	本科生	必开
7		信号配时	2	专业类	本科生	必开
8		数据输出	2	专业类	本科生	必开

7. 实验教学目的和要求

随着信息技术的高速发展，交通工程专业在世界范围内已从传统的“软科学”迅速发展为“实验交通工程学”。交通仿真是实验交通工程学的重要组成部分，是一门收集了大量交通信息后，在计算机上进行灵活交通实验的课程。利用交通仿真技术可以模拟分析单个车辆（或交通流）、交通规划数据集合体与各种交通环境的相互关系，可以综合得出交通运行状况对公路、城市道路基础设施的交通适应性，实现对未来交通系统行为的呈现和预先把握，帮助交通工程专业人员设计出多种交通改善方案和规划方案。

实验教学的目的就是使学生熟悉交通仿真软件的应用，同时培养学生的创新思维能力。通过实验教学，要求学生掌握宏观以及微观交通规划软件的工作原理及应用，同时在软件操作过程中能够根据实际仿真对象合理选择交通模型和参数。

8. 计算机的配置和要求

（1）硬件：内存 512 兆、17 英寸显示器、奔腾以上台式计算机。

（2）软件：Windows XP 操作平台、VISUM9.2 和 VISSIM4.0 以上版本。

9. 实验课程考试方式

根据实验过程及实验课程作业综合评定，实验课实验成绩占交通仿真课程总成绩的 50%。

一、VISUM 宏观交通仿真软件实验指导

1. 路网编辑

1）上机目的

熟悉 VISUM 软件操作界面及命令，并能够利用路网编辑命令构建真实路网仿真模型。

2）上机内容

通过实际交通仿真实例，练习定义交通系统，并通过插入节点、路段、小区、形心连接线等命令进行路网编辑。

3）上机指导过程

（1）介绍软件操作界面及软件中涉及的各项命令

（2）定义交通系统（图 6-1、图 6-2）

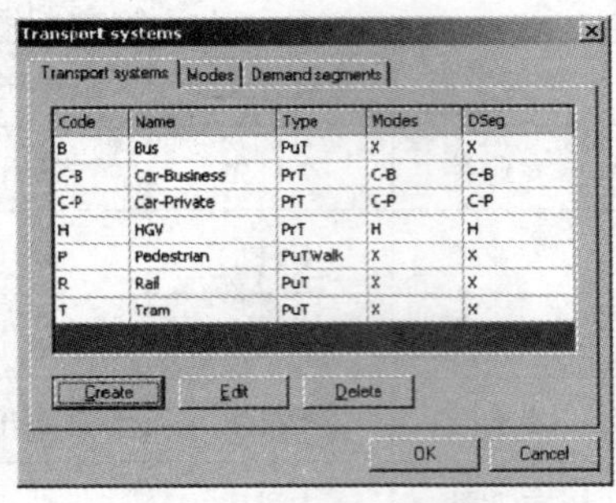

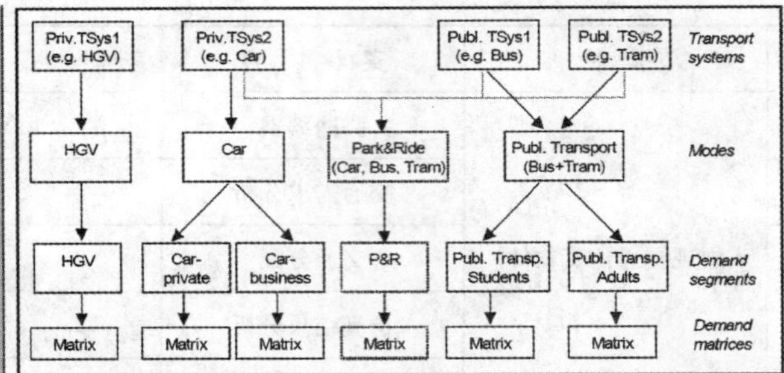

图 6-1

对每种等级的路段必须定义允许通行的交通系统，例如客车、货车、公交车等。选择对应菜单对交通系统进行定义。针对每种交通系统，用户须定义该交通系统编码、名称、交通系统类型、PCU 换算系数及该系统最大行驶速度。

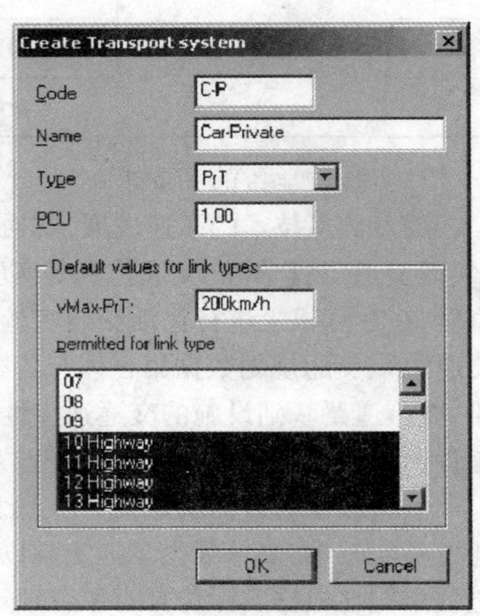

图 6-2

该分析系统仅包括私人小汽车交通系统：讲述怎样添加和删除一个交通系统，以及 Transport system、Modes 与 Demand segments 的区别。

(3)导入底图：BMP、DXF

VISUM 可以接受的地图格式为 HGR 格式，因此在进行路网编辑之前需要对图形进行相应的格式转换。此处仅介绍 JPG 和 CAD 形式文件的导入。

①选中添加键和背景文件键，选中文件后在空白界面上拖动鼠标即可添加背景文件。导入一个 JPG 形式的底图，并对其实际长度进行修改（首先 network parameter，然后 recalculate）。

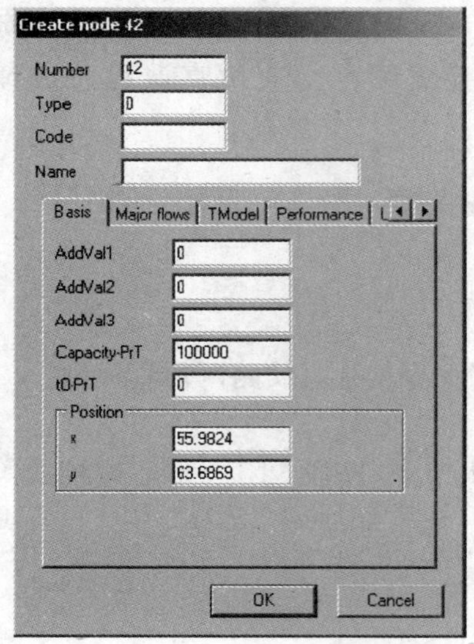

图 6-3

②导入一个 CAD 形式的底图：将 CAD 底图进行相应的处理并转换成 R12 格式的 DXF 格式，然后将文件 dxfkonv 拷入磁盘的根目录下，进行文件转换。将转换好的底图作为本次授课内容的分析实例。具体转换的操作过程如下：在 DOS 命令下运行 c：dxfkonv1. dxf 1. hgr，1 为文件名称。在导入过程中可以修改底图的坐标，对底图进行移动。

(4)节点（Node）编辑（图 6-3）

节点为路段的起终点，同时在私人交通系统中节点也表示了道路交叉口的位置和其他属性。点击插入按钮和节点按钮，出现节点属性编辑窗口。

①基础数据（Basis）：节点序号、类型（可以自行定义，例如主主相交为 1，主次相交为 2）、节点名称、节点通行能力。

②主要交通流（Major flow）：定义了无信号交叉口的交通流优先规则。

③车道(lane):车道编辑主要包括交叉口各个进口道的交通渠化情况,详细的交叉口渠化情况输入有助于 VISUM 与 VISSIM 的接口处理。

④信号控制(control):主要包括交叉口的信号控制情况,周期、绿灯、红灯和黄灯时长。

(5)路段(Link)编辑(图 6-4)

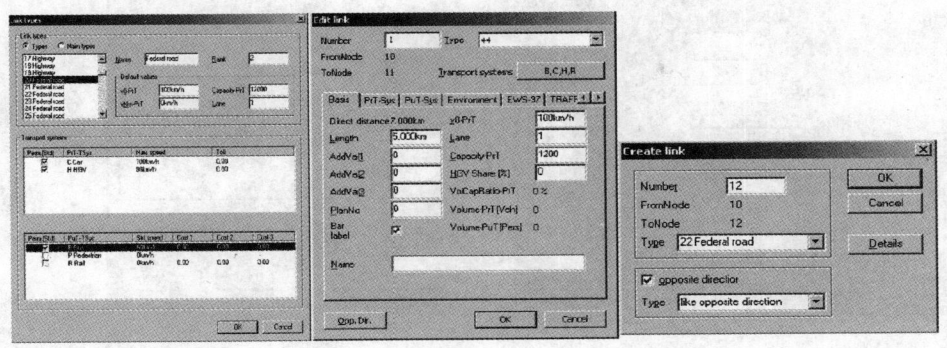

图 6-4

①路段类型定义

首先点击 network menu→link type,打开路段定义窗口。路段定义窗口中的路段属性包括选中路段编号,对各类编号下的路段属性进行编辑,以城市道路网络为例对其进行定义,名称:如主干道或者次干道等;车道:单向车道数;自由流车速和最小车速;优先等级:在无信号交叉口的优先级别;通行能力:道路单向通行能力;允许通行的机动车类别和速度。(注意:VISUM 提供了 10 大类、99 小类的路段类型,在路段定义过程中尽量做到 0X 为一类道路,便于统计分析和分类显示。)

②添加路段

选择添加按钮和路段按钮,出现添加路段窗口,对所要添加的路段属性进行编辑,包括路段编号;路段类型:在下拉菜单中选择已经定义好的路段类型,并选择道路是否为单行道路以及是否同时生成反方向路段。

③编辑路段属性

选中路段,点击右键,对路段属性进行编辑。基础数据:路段编号、路段类型、允许通行的运输系统、路段长度、设计车速、通行能力及其他自定义变量。(注意:在对路段属性进行修改时不能仅改变路段类型编号。)

(6)交叉口转弯(Turning relation)规则(图 6-5)

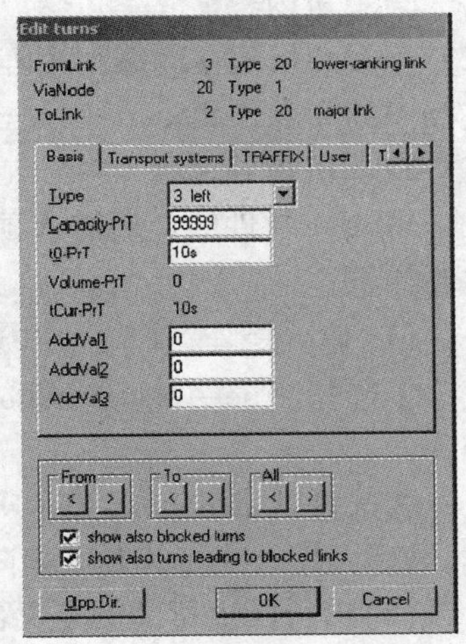

图 6-5

转弯规则描述节点转弯情况(左转、直行、右转)及汽车交通系统的节点转弯惩罚情况。

基础数据:对于汽车交通系统,每种转弯情况都有特定的时间惩罚系数和通行能力。在插入路段后,VISUM 会自动弹出转弯规则设置对话框,以便对经过该路段和节点的转弯规则进行检查和设置。设置属性包括转弯类型(左转、直行、右转、掉头)、转弯通行能力、转弯惩罚时间以及允许转弯的交通系统。

(7)交通小区(Zone)及形心连接线(Connector)(图6-6)

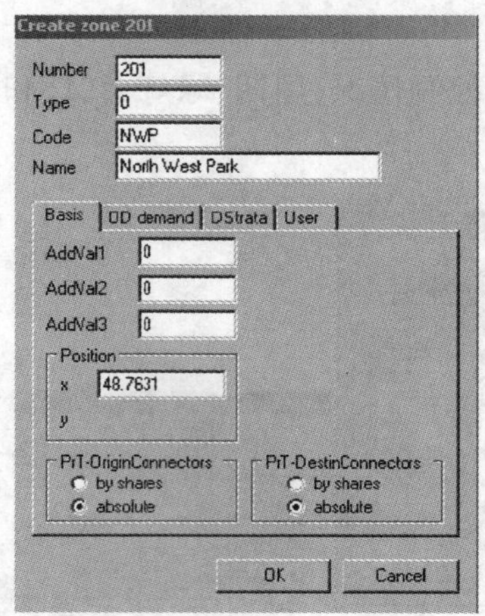

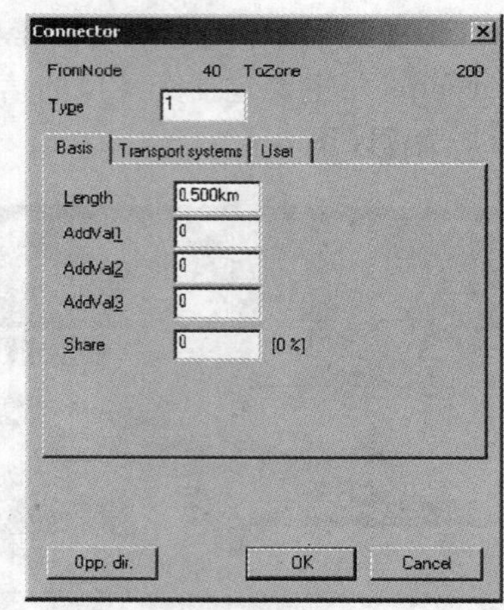

图 6-6

①交通小区基础数据:交通小区是交通网络中交通出行的起讫点,通过形心连接线与交通网络连接。在插入模式下选择交通小区组件,在弹出的对话框中对小区编号、小区类型、编码、名称、附加属性等进行设置。

②形心连接线基础数据:形心连接线是连接有交通产生量/吸引量的交通小区与道路网络的桥梁,每条形心连接线有两个方向。在交通网络上进行交通分配时,每个交通小区可以以任意条形心连接线与交通网络连接。在插入模式下选择形心连接线组件,在交通网络显示区选择相应的交通小区和路网节点。在形心连接线属性对话框中,设置形心连接线类型、长度、附加属性、允许的交通方向及通行时间。

注意:把 zone 层设置在最上层,添加小区连接线,在设定小区特性为 byshare 的情况下,如何对小区连接线的比例进行设置。

2. 交通需求分析

1)上机目的

掌握利用 VISUM 软件进行需求预测的操作过程。

2)上机内容

练习如何建立和编辑矩阵,以及如何采用基于出行链的交通需求预测方法进行交通仿真过程中的需求预测。

3)上机指导过程

VISUM 软件的交通需求预测采用基于出行链的交通需求预测方法。交通需求预测步骤主要如下:

(1)建立矩阵

①选择"Flie→Matrix editor→Newmatrix"新建出行矩阵。

②选择"Calculation→ODDemand data"建立空的矩阵,然后调用已有矩阵输入矩阵元素。

(2)出行及出行链的定义(图6-7)

①选择"Calculation→Demand model structure→Activity"出现出行链设置对话框,通过建立命令建立相应

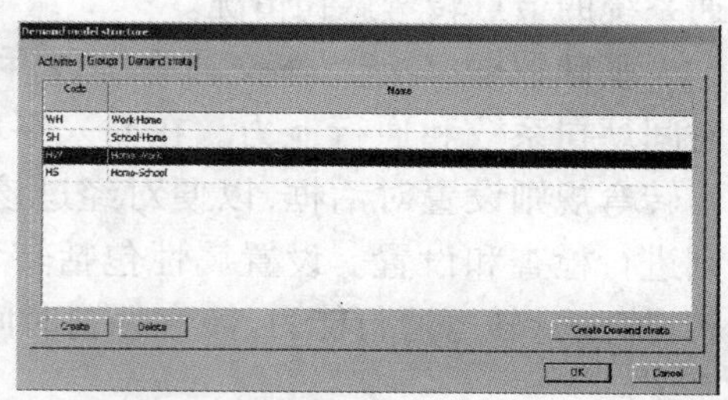

图 6-7

的出行链。

②选择"Calculation→Demandmodel structure→Group"定义出行人群。

③选择"Calculation→Demandmodel structure→Demandstrata"使得出行人群、出行链以及出行矩阵之间相互对应。

(3)需求预测(图 6-8)

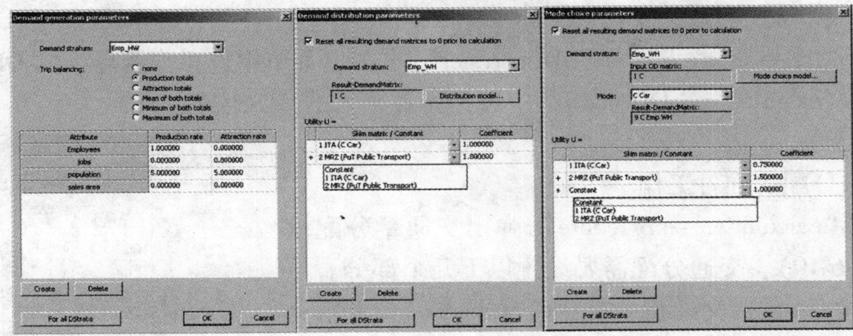

图 6-8

①出行发生:选择"Calculation→procedure"中的"trip generation"命令,设置出行发生中的参数,涉及不同用地的出行产生和出行吸引率(不同土地利用面积已经在小区属性中输入)。

②出行分布:选择"Calculation→procedure"中的"trip distribution"命令,根据效用函数以及出行分布模型,针对不同的出行链进行出行分布预测。

③交通方式划分:出行分布选择"Calculation→procedure"中的"trip distribution"命令,根据效用函数以及方式划分模型,针对不同的出行链进行方式划分预测。

(4)根据路段流量反推现状 OD 矩阵估计

利用多选命令设置部分小区、路段以及交叉口的观测流量,点击"Caculation→Tflowfuzzy",弹出 OD 矩阵估计对话框(图 6-9)。VISUM 中的 OD 矩阵估计有三种方法。

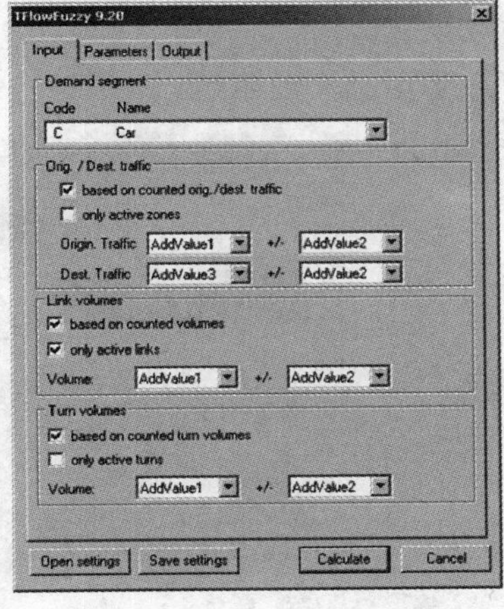

图 6-9

①基于小区产生吸引量的 OD 矩阵估计:在已知部分小区交通产生和吸引总量的基础上,利用初始矩阵进行 OD 矩阵估计。

②基于路段观测流量的 OD 矩阵估计:在已知部分路段观测交通流量的基础上,利用初始矩阵进行 OD 矩阵估计。

③基于交叉口转弯流量的 OD 矩阵估计:在已知部分交叉口观测交通流量的基础上,利用初始矩阵进行 OD 矩阵估计。

3. 交通分配

1)上机目的

掌握如何合理选择交通分配参数,利用 VISUM 完成交通分配。

2)上机内容

介绍分配模型的选取以及参数配置,并重点练习交通分配过程中阻抗函数的标定。

3)上机指导过程

上节已经讲述了交通需求矩阵的生成方法，因此，本节仅介绍生成 OD 矩阵后，如何在 VISUM 中进行交通分配。VISUM 用户可以根据不同交通系统的需求，导入多个 OD 矩阵（例如客车 OD 矩阵、货车 OD 矩阵），在交通网络上进行分配。

（1）OD 矩阵的导入

导入 OD 矩阵有两种方式，无论哪种方式，OD 矩阵都包含区内交通，但是区内交通在交通分配过程中一般不予考虑。

①在菜单“file→open”下选择“OD matrices”，在弹出菜单中选择需要导入的 OD 矩阵。

②在菜单“calculation→OD matrix”中选择需要导入的 OD 矩阵。

（2）交通分配

①交通量分配的准备工作

选择菜单“calculation→procedure”，弹出交通量分配设置对话框（图 6-10）。交通分配需要设置以下几个部分。

A. 运行指令：包括交通量分配指令 assignment，重新分配指令 reassignment，OD 矩阵读入指令，OD 矩阵保存指令。

B. 需求矩阵选择：当用户定义了多种交通方式时，需要确定进行分配的 OD 矩阵是哪种交通方式对应的矩阵。

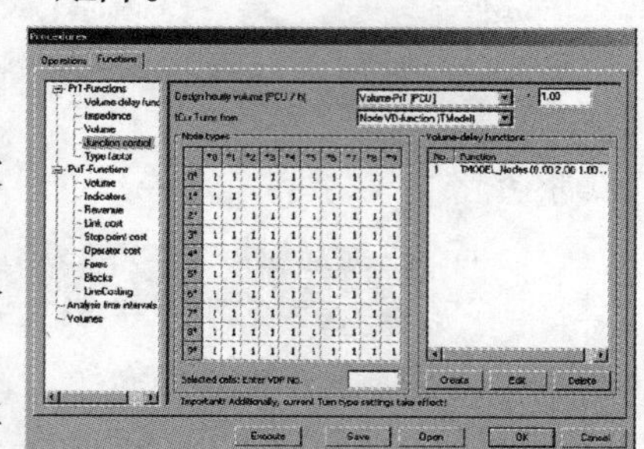

图 6-10

C. 交通分配程序：对于不同的分配程序，有不同的分配参数设置。

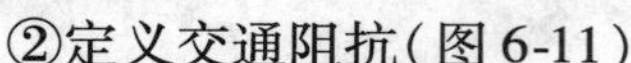

②定义交通阻抗（图 6-11）

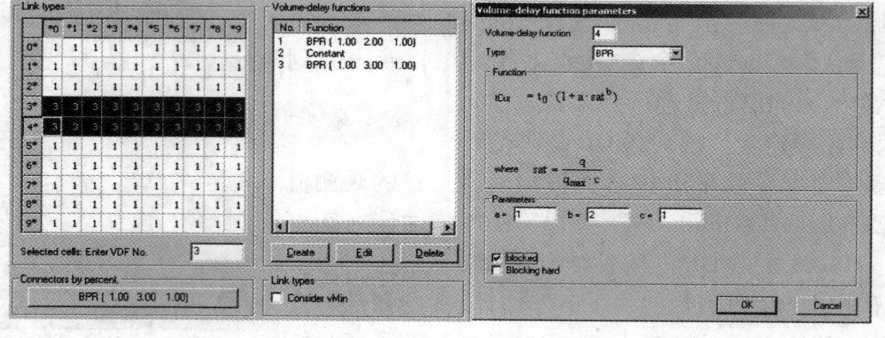

图 6-11

在 VISUM 交通软件中，所有分配程序都需要确定路径最小阻抗，即定义路阻函数。该软件共给出了四类路阻函数以供选择。

A. 美国联邦公路局的路阻函数（BPR）。

B. 修正的 BPR 函数，b 取不同的值代表饱和和非饱和状态。

C. 修正的 BPR 函数，增加惩罚参数 d 来描述饱和状态下车辆的行程时间。

D. 阻抗是常数，通行能力不影响行程时间。

路径的阻抗由路径所经路段、交叉口转弯和形心连接线阻抗组成。

A. 对于汽车交通系统，路段阻抗由路段长度、路段允许车速、交通量确定，路阻函数是流量的函数；同时路段阻抗还包括路段收费等其他自定义变量。

B. 节点上各种转弯形式阻抗表示时间惩罚系数与转弯流量、饱和度的函数。

C. 某个交通小区的形心边一般认为阻抗值不随交通量变化。

路段阻抗的标定方法如下：

A. 运用实测数据进行拟合。

B. 运用经验数据。

C. 试算法。

③交通分配方法

VISUM 提供了几种常用的交通分配方法。

A. 增量分配法(Incremented Assignment)(图 6-12)

寻找阻抗最小的路径；将用户定义的第一部分 OD 矩阵分配到最短路径上；利用阻抗函数计算交通网络在现有流量条件下的交通阻抗；根据现有交通阻抗，回到第一步，再次寻找最短路径。如此逐步迭代，直到整个交通需求矩阵全部分配到交通网络上。

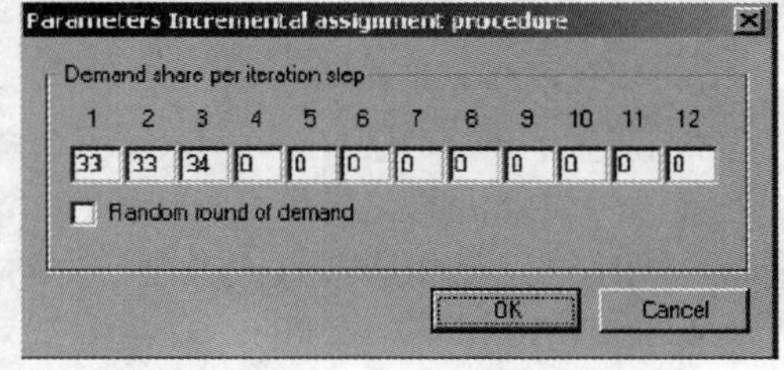

图 6-12

B. 均衡分配法(Equilibrium Assignment)[图6-13a)]

当用户在分配过程中选择均衡分配时，可在"parameters"中设置迭代误差范围，并确定是否将逐次加载分配过程作为初始解。如果是，需要设置每次迭代的分配比例；如果不是，也可以以一种已存在的分配结果作为均衡分配的初始解。

C. 学习算法(Learning Method)[图 6-13b)]

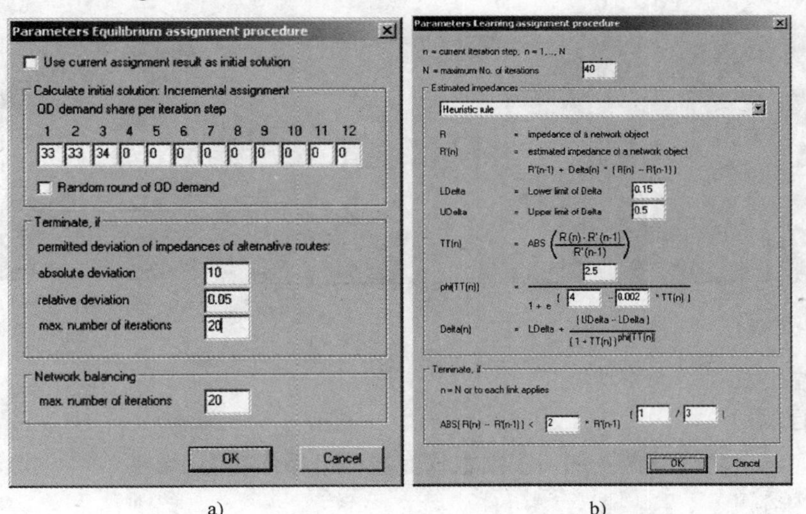

a)　　　　b)

图 6-13

当用户在分配过程中选择用户自学习算法时，可在"parameters"中设置迭代次数和迭代误差范围。

4. 交通仿真结果分析

(1)上机目的

掌握利用 VISUM 中的交通分析工具进行仿真结果分析。

(2)上机内容

练习如何识别最短路径、显示期望线、显示交叉口流量和路段交通组成等。

(3)上机指导过程

①最短路径(Shortest path)

点击“graphic analysis→Shortest path”命令,弹出最短路径参数设置对话框;在对话框中选择需要计算最短路径的交通系统;选择需要计算最短路径的起始小区、节点或者区域;选择需要计算最短路径的终端小区、节点或者区域;点击运行。

②期望线(Desire dline)

首先对交通小区进行合并处理,在处理结果完成之后再次保存需求矩阵,此时需求矩阵也随之成为合并小区后的交通需求矩阵;然后点击“graphic analysis→Desired line”命令,即可生成期望线分布图。

③等时线(Isochrones)

点击“graphic analysis→Isochrones”命令,弹出最短路径参数设置对话框(图 6-14);选择需要进行等时线分析的交通系统;选择等时线确定的标准(t_0、t_{cur}、距离、阻抗或者其他自定义变量);在网络中选择相应节点或者是公交站点,即可出现等时线。

④流量组成(Flow bundle)

点击“graphic analysis→Flow bundle”命令,出现流量组成分析对话框;在对话框中选择节点、小区或者是路段;在实际网络中选择节点、小区或者是路段;点击运行。

⑤交叉口转弯流量(Turn volumes)

点击“graphic analysis→Flow bundle”命令,出现流量组成分析对话框(图 6-15);在对话框中选择节点、小区或者是路段;在实际网络中选择节点、小区或者是路段;点击运行。

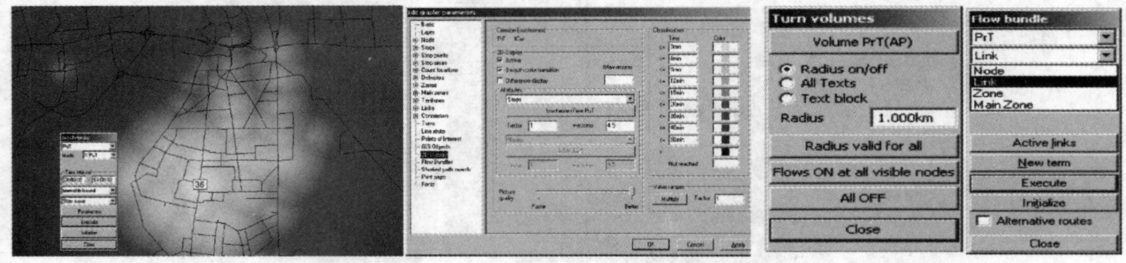

图 6-14　　　　图 6-15

5. 数据输出及网络操作功能

1)上机目的

掌握如何输出仿真数据及如何根据数据完成网络操作功能。

2)上机内容

练习节点、路段、小区以及交通分析结果的数据显示方法及格式,并练习根据数据库功能完成子网、合并网络的方法。

3)上机指导过程

(1)统计数据的输出

点击“listings”命令,然后选择节点、路段、交叉口等命令,即可显示与之相关的统计数据,输出数据可与 access 数据库接口;同时,在进行数据显示时可通过联合使用过滤命令,对数据的显示类别进行分类统计。

(2)图形及分析结果显示

点击“graphic→parameters”,出现图形及分析结果显示窗口(图 6-16)。

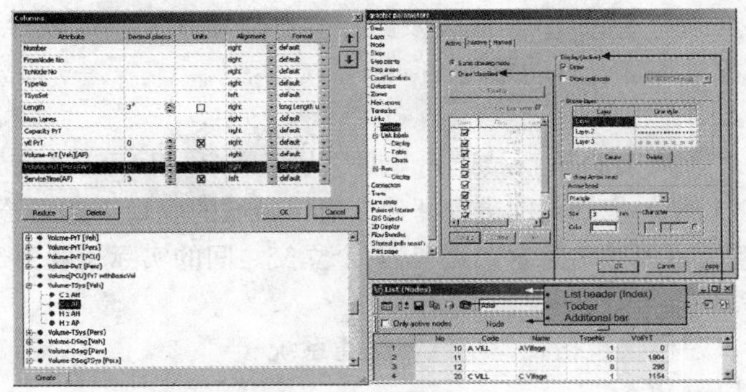

图 6-16

①属性数据：包括背景节点、路段、小区、形心连接线等属性的显示，显示效果包括颜色、粗细以及有无显示。

②交通流数据：包括路段交通流量、速度、饱和度，交叉口交通流及转向等，显示效果中可以对不同类别的交通流量等进行分类显示。

③分析数据：包括与分析命令相关的所有分析结果显示。

(3)网络操作功能

①网络比较(Different network)

点击“Different network”命令，出现网络比较窗口(图 6-17)，分别选择需要比较的网络所在根目录，即可出现网络比较结果；联合使用“graphic→parameters”命令，可对不同类别的比较结果进行分类显示，如速度差或者流量差等。注意，在比较过程中需要保存文件的最终状态。

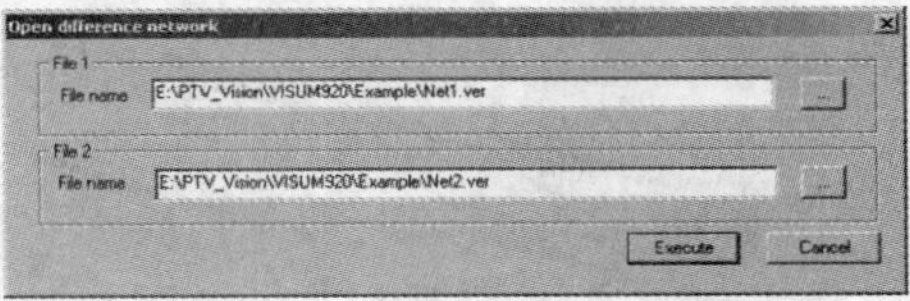

图 6-17

②子网分析(Subnetwork Generation)

用多选工具选择需要分析的子网区域，点击“Subnetwork Generation”命令，产生子网络，并同时保存 OD 矩阵，则生成与子网络相对应的 OD 矩阵。

③子网合并

打开一个基础路网，并将另一个需要与之合并的路网的属性数据保存成 access 文件；再在基础路网中读入 access 数据，并确定两个路网的基准点，调整坐标位置即可。

④与 VISSIM 的接口

选择“File→Save→Vissim network”，弹出网络输出对话框(图 6-18)，输入对应的参数设置。

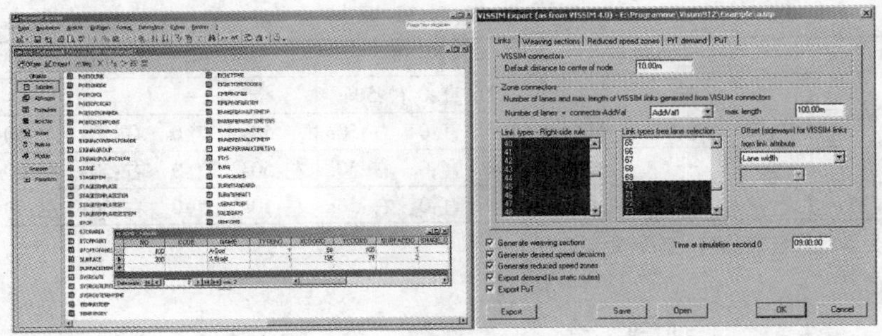

图 6-18

在转换完成之后，与网络对应的 OD 矩阵以及路径会自动导入 Vissim 软件，同时路段车道数、交叉口渠化、信号灯配置等都会自动导入 Vissim 系统。

6. 思考题

本次课程设计以“上海市唐镇新城道路规划”为背景，利用 VISUM 宏观交通仿真软件选取相应的指标对唐镇新城的规划路网进行评价。唐镇新城的规划道路系统如图 6-19 所示，具体的道路等级如图例所示。其中龙东大道上，两个立交之间的实际长度为 3km。

(1)建模基础参数

①交通系统：本次建模仅包括私人小汽车交通系统

②道路几何属性表(表 6-4)

道 路 几 何 属 性 表 6-4

道 路 等 级	快 速 路	主 干 道	次 干 道	支 路
车道数(双向)	4	6	4	1
自由流车速(km/h)	80	60	40	30
通行能力[pcu/(h · lane)]	1 800	800	600	300

③交通小区划分

在唐镇新城土地利用规划的基础上，小区划分基本上以干道系统或者是以江河为界，最终划分内部小区 15 个，外部小区 8 个，具体如图 6-20 所示。

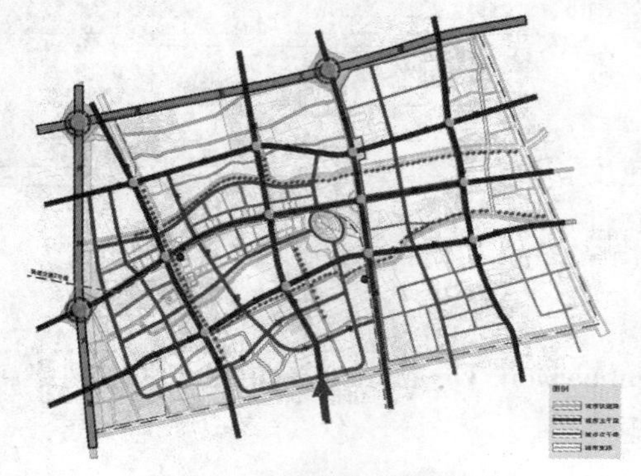

图 6-19 唐镇新城道路系统图

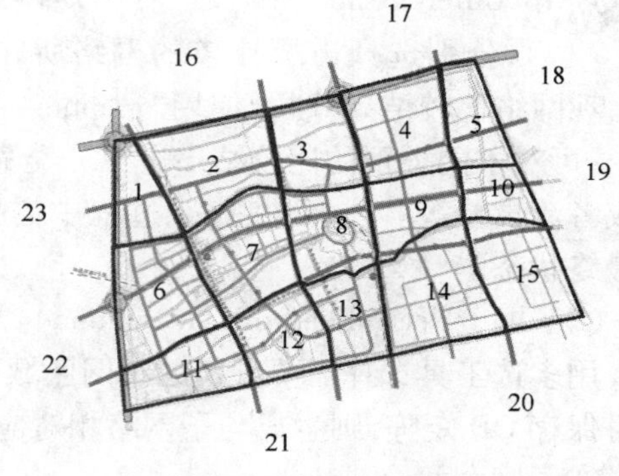

图 6-20 交通小区划分

④交叉口延误

为了减小工作量，将交叉口分为两类：立交和平面交叉口；其中立交每个转向延误统一取 30s，平面交叉口按照相交道路等级分为：快速路—主干道，主干道—次干道，次干道—支路，主干道—支路，主干道—主干道，次干道—次干道和支路—支路。每类交叉口各转向延误见表 6-5。

交 叉 口 延 误 表 6-5

交 叉 口	快 速 路	主 干 道	次 干 道	支 路
快速路	—	左:50s 直:0 右:50s	—	—
主干道	左:50s 直:0 右:50s	左:50s 直:0 右:50s	左:50s 直:0 右:50s	左:50s 直:0 右:50s
次干道	—	左:50s 直:0 右:50s	左:50s 直:0 右:50s	左:50s 直:0 右:50s
支路	—	左:50s 直:0 右:50s	左:50s 直:0 右:50s	左:50s 直:0 右:50s

注：表中数字分别代表左转、直行、右转延误时间。

⑤路段阻抗

快速路：a = ，b = ，c = 1；主干道：a = ，b = ，c = 1；次干道 a = ，b = ，c = 1；支路 a = ，b = ，c = 1。

⑥需求矩阵

Zones	12632	1	2	3	4	5	6	7	8	9	10	11	12	13	14	15	16	17	18	19	20	21	22	23
12632	Totals	559	590	553	569	610	574	638	553	714	539	434	484	612	473	511	548	523	483	481	550	560	496	496
1	517	0	28	10	40	29	24	18	45	41	37	9	43	36	26	15	1	5	18	7	8	49	22	22
2	578	0	0	19	27	29	30	30	8	33	23	18	3	30	39	40	26	15	44	36	48	46	27	27
3	511	23	12	0	10	39	42	50	50	31	20	13	15	42	1	19	5	34	3	0	46	14	14	14
4	615	35	42	36	0	10	37	23	23	47	37	5	30	19	37	30	29	18	8	11	21	40	26	26
5	555	38	17	8	33	0	3	35	25	7	47	7	45	35	15	21	4	48	34	8	44	41	29	29
6	548	9	41	24	8	25	0	20	14	28	34	38	36	24	6	18	42	2	26	33	21	5	47	47
7	576	27	17	24	19	42	16	0	14	49	15	37	28	10	38	42	20	25	45	1	50	29	3	3
8	516	10	42	31	33	10	42	6	0	37	16	47	14	17	7	37	42	35	30	37	13	7	0	0
9	456	40	43	11	6	28	1	6	23	0	34	27	4	22	10	35	15	22	12	29	27	31	8	8
10	595	48	35	46	9	17	9	50	23	50	0	31	5	22	47	2	45	15	11	38	21	10	31	31
11	615	23	23	30	32	43	41	31	36	28	19	0	37	28	45	12	9	30	35	29	18	25	4	4
12	601	31	31	35	40	7	29	43	46	31	36	2	0	49	16	28	15	9	5	43	43	37	8	8
13	534	4	4	32	41	27	22	20	15	23	25	8	16	0	16	41	48	44	36	15	47	6	3	3
14	550	26	30	48	4	44	33	16	5	25	11	15	46	28	0	6	25	19	25	40	25	19	34	34
15	538	30	20	0	35	5	31	43	25	37	25	19	39	28	18	0	32	9	19	7	37	48	31	31
16	536	16	3	32	7	42	43	30	36	43	1	6	35	31	11	3	0	31	17	16	18	33	40	40
17	521	26	31	40	45	7	32	20	13	7	43	3	21	29	15	27	11	0	6	40	7	14	39	39
18	471	39	37	31	18	43	11	43	11	12	27	49	3	4	26	21	5	13	0	12	7	6	47	47
19	557	2	3	17	46	20	22	47	42	27	42	35	20	13	0	26	48	20	12	0	13	34	47	47
20	556	45	0	47	30	39	29	7	11	19	0	21	4	33	43	3	41	33	35	40	0	34	7	7
21	575	36	39	2	43	32	35	4	28	47	3	14	7	49	31	15	46	18	35	11	8	0	26	26
22	485	5	45	22	4	39	9	49	39	44	11	23	0	38	6	20	16	50	2	13	9	12	0	0
23	485	5	45	22	4	39	9	49	39	44	11	23	0	38	6	20	16	50	2	13	9	12	0	0

(2)路网运行状况评价

①关掉底图,将唐镇新城道路系统图以 VISUM 路网形式显示。

②完成路网交通分配步骤后,显示快速路以及主干道上的流量大小及粗细。

③显示整个路网分级饱和度,分级表标准如下:

i.　　小于 0.5;

ii.　　大于 0.5 小于 0.7;

iii.　　大于 0.7 小于 0.9;

iv.　　大于 0.9 小于 1.0;

v.　　大于 1.0。

④输出分配结果,并对路网机动车出行距离进行统计,做出机动车出行距离分布图。

⑤显示绿色所示交叉口的流量转向图。

⑥统计出 1 区到其他各内部小区的最短出行时间,并用表格表示。

⑦用 flowbundle 命令做出图中红色走向路段的 OD 组成。

二、VISSIM 微观交通仿真软件实验指导

1. 基础路网模型编辑

1)上机目的

熟悉 VISSIM 交通仿真软件界面及各个操作命令的功能。

2)上机内容

练习使用路段、连接器等命令建立交叉口路网模型,包括交叉口的所有几何特性的建立。

3)上机指导过程

(1)软件操作界面(图 6-21)

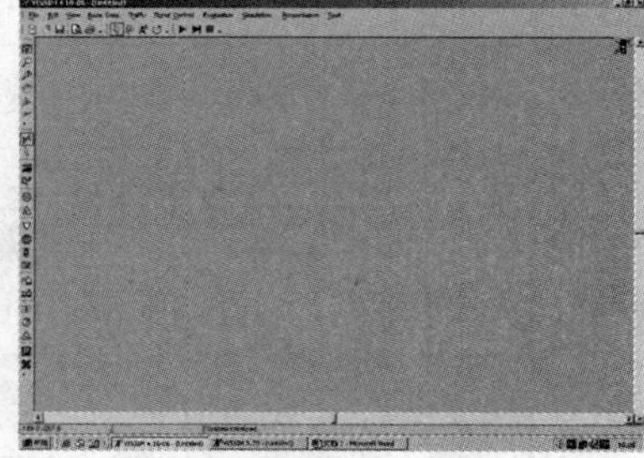

图 6-21

4.10 版本可通过以下转换为中文界面:View→Options→DisplayOption→Language&Units→Chinese→OK Button。掌握菜单中各个命令的作用,包括文件工具栏、选择工具栏、运行控制工具栏、导航工具栏、路网元素工具栏(交通流、车辆速度、优先控制、公共交通、评价和动态交通分配)。

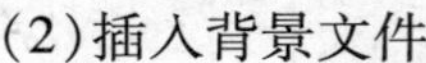

(2)插入背景文件

建立一个精确 VISSIM 模型的必要条件是至少具有一张具有比例尺的反映现实路网的背景图片。在 VISSIM 路网窗口中可以显示、移动、缩放背景图片。通过背景图片可以追踪 VISSIM 路段和连接器的轨迹。

①背景图片的创建流程

首先,找到一张显示整个路网区域的图片文件,依次选择:查看→背景→编辑(图 6-22),点击加载,选择需要导入 VISSIM 的目标图片文件。如果图片文件的规模较大,该过程将花费一些时间。

②设置图片比例尺

开始 VISSIM 路网编码之前,首先要确保路网的缩放比例是正确的,方法是使用至少一个具有比例的背景图片。打开背景选择窗口,选择待缩放的文件,点击比例尺。此时,鼠标指针变成一把尺,尺的左上角为"热点";按住并沿着标距拖动鼠标左键;释放鼠标,输入两点间的实际距离,点击"确定"。

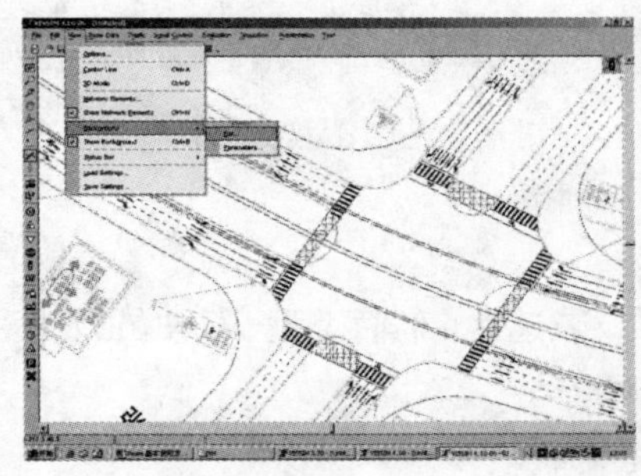

位图格式	矢量图格式
*.BMP	*.DWG
*.JPG	*.DXF
*.PNG	*.EMF
*.TGA	*.WMF
*.TIK	*.SHP
*.SID(Mr.SID)	

图 6-22

(3)路段(Link)

①新建路段

在路段的起始位置点击鼠标右键,沿着交通流运行方向将其拖动至终点位置,释放鼠标。

②编辑路段数据

编号:路段的唯一编号;名称:标识或注释;车道数;路段类型:控制诸如路段颜色、驾驶行为等特征量;车道宽度:定义路段上每条车道的宽度;不同车道宽度:分别定义每条车道的宽度;车道限制:针对选定的车辆类别关闭路段的一条或多条车道,实施禁行管理。车道关闭对车辆运行的影响如下:禁行车辆不能在禁行车道上行驶;禁行车辆不能进入禁行车道(从交通量输入开始),除非所有车道全都禁行该类车辆。

(4)连接器(Connector)(图 6-23)

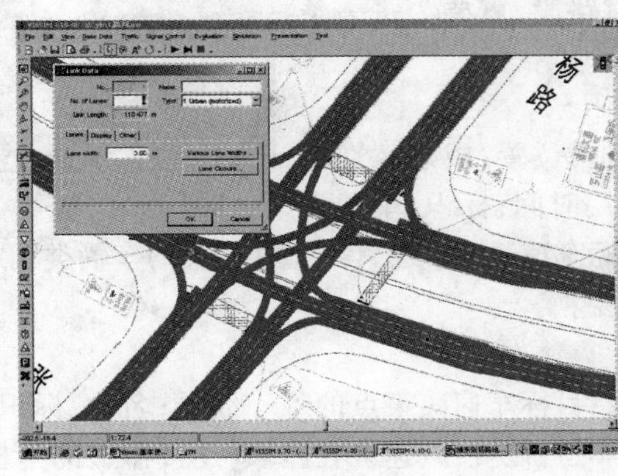

交叉口模型

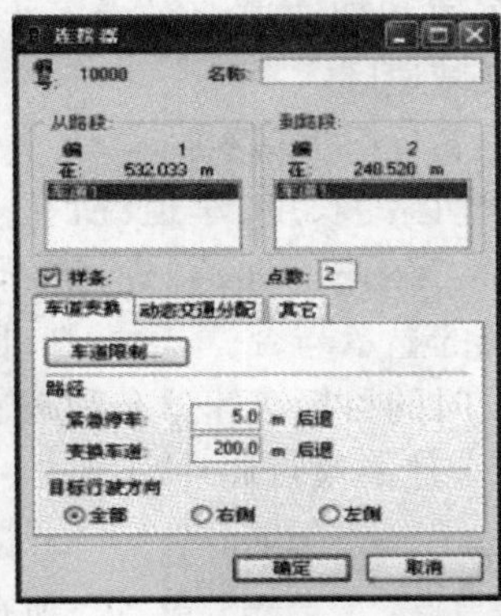

新建连接器

图 6-23

①新建连接器

在路段的起始位置点击鼠标右键,沿着交通流运行方向将其拖动至终点位置,释放鼠标。

②编辑连接器数据

名称:标识或注释;从路段/到路段:连接器起点路段和终点路段的车道连接状态,车道 1 代表最右侧的车道;车道限制:针对选定的车辆类别关闭路段的一条或多条车道,实施禁行管理;变换车道:车辆开始试图变换车道时的距离,如车辆到交叉口前方路标的距离;紧急停车:车辆可以进行车道变换的最后位置,例如车辆由于交通流量很大而无法变换车道,但是行驶路径决定了它必须变换车道,此时,它将停在这个位置等待变换车道的机会;紧急停车和变换车道两个参数用于建模车辆跟车时的车道变换行为;行驶方向:该选项对按照行驶路径信息行驶的车辆不起作用。

2. 基础数据输入

1）上机目的

掌握仿真模型中各类参数的设定。

2）上机内容

根据实际交通调查结果，学习设定车辆速度分布、减速区、车辆类型、驾驶员行为和信号灯等参数的设定。

3）上机指导过程

（1）目标车速分布

交通构成中，每种车辆类型都可以定义目标车速的随机分布。依次选择：基础数据→分布→目标车速，打开期望车速分布窗口；在图表上方的两个文本框内输入目标车速分布的两个最值（左侧为最小值，右侧为最大值）。分布曲线的中间点表示为红色圆点，单击鼠标右键——创建中间点；按住并拖动鼠标左键——移动中间点；拖动两个中间点重合，删除前一个中间点。

（2）减速区

①新建减速区

选择需要设置减速区的路段或连接器（不允许跨路段或连接器设置减速区）；在路段/连接器上减速区的起点，点击鼠标右键，沿着路段/连接器将其拖动到目标位置；释放鼠标，打开创建减速区窗口，针对通过该路段/连接器的每一车辆类型定义合适的车速和加速度。对于多车道路段，需要为每一条车道分别定义减速区。

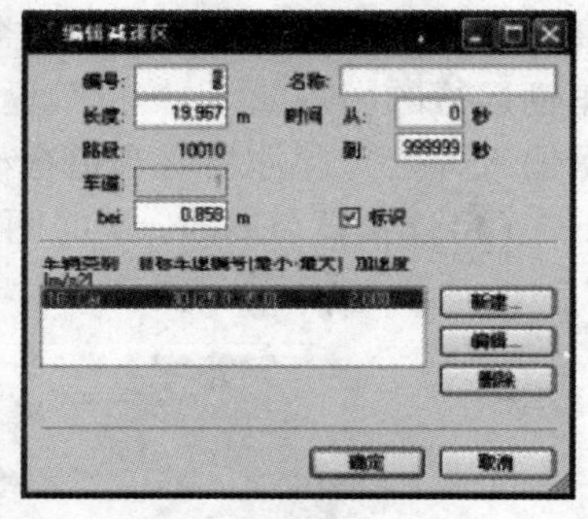

图 6-24

②减速区属性（图 6-24）

长度：减速区的长度；车道：所在车道；位置：减速区在路段/连接器上的坐标；时间：减速区的作用时间；标识：单独设置减速区标识的显示与否；车辆类别-目标车速-加速度：针对每种相关的车辆类别定义车辆在减速区上行驶时的目标车速分布和减速度。

（3）目标车速决策点属性

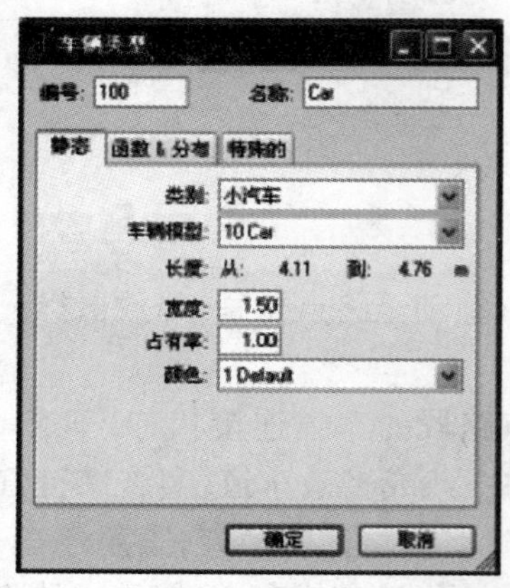

图 6-25

编号：目标车速决策点的唯一编号；名称：标识或注释；车道：所在车道；位置：减速区在路段/连接器上的坐标；时间：目标车速决策点的作用时间；标识：单独设置目标车速决策点标识的显示与否；车辆类别-目标车速-加速度：针对相关的车辆类别定义车辆通过目标车速决策点时的目标车速分布。

（4）车辆类型及类别（图 6-25）

除了默认的车辆类型（Car，HGV，Bus，Tram，Bike，Pedestrian），用户可以创建新的或修改已有的车辆类型。依次选择：基础数据→车辆类型，访问车辆类型的相关数据。

①加速度分布

依次选择：基础数据→功能，既可以编辑已有的加/减速函数图，也可以创建新的加/减速函数图。选中上述四个函数其一时，即可在弹出的窗口中编辑已有的加速度函数图。加/减速函数图的纵坐标为加速度,横坐标为速度。两个坐标轴的可见范围可以根据需要设置。点击适合窗口,根据当前的函数图确定两个坐标轴上显示的最大和最小值。通过拖动函数图中每条曲线的中间点,可以对其进行独立编辑。当拖动中间曲线上的红点时,两条边界线上的数值也会相应的调整。

②车辆类型

类别:车辆分级;车辆模型:选择一个已定义的车辆模型分布,用以定义车辆类型的形状和长度(分布);长度:根据选定的车辆模型分布,显示车辆的长度范围(最大值和最小值),该数值为只读;宽度:2D 车辆的显示宽度;占有率:车内人数(包括驾驶员);颜色:当前车辆类型的颜色分布。车辆类型的颜色信息服从于其所属车辆类别的颜色或公交车辆的路径颜色。

(5)驾驶行为

依次选择:基础数据→驾驶行为,打开驾驶行为参数设置窗口(图 6-26),对参数集合进行编辑。

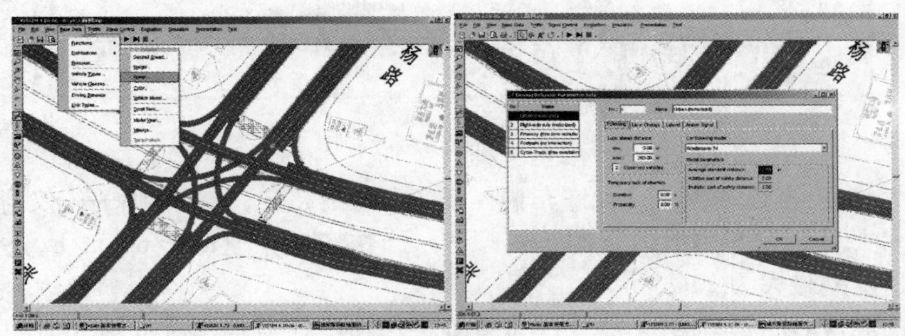

图 6-26

①跟车行为(图 6-27)

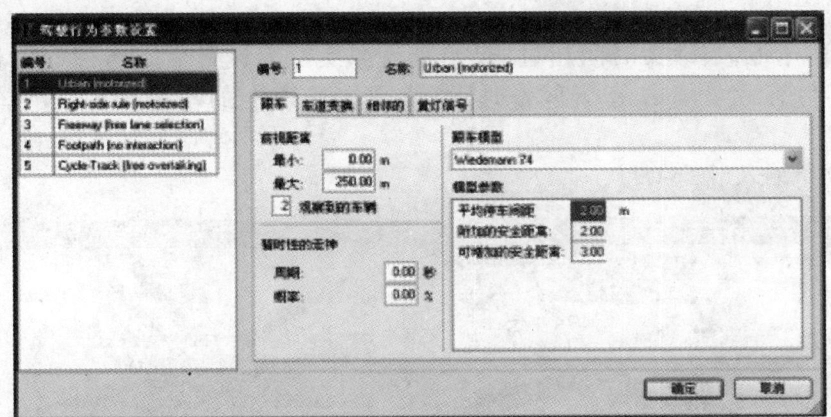

图 6-27

前视距离:车辆前方的可视距离,使得后车驾驶员能够对前方或旁边的车辆(在同一路段内)做出反应。该参数是对观察到的车辆选项的补充。

观察车辆:前方可视车辆数,它将影响驾驶员预测其他车辆运行以及做出相应反应的能力。小范围内存在多个路网元素时,应当增加该数值。

暂时性的走神:后车驾驶员在一段时间内不对前车的驾驶行为(紧急制动除外)做出反

应，即后车驾驶员处于“精神不集中”的状态。

周期：“精神不集中”的持续时间。概率：“精神不集中”的发生频率。这两个参数的值越大，相应路段的通行能力越低。

跟车模型：车辆的跟车模型。模型不同，模型参数也不相同。

②车道变换（图 6-28）

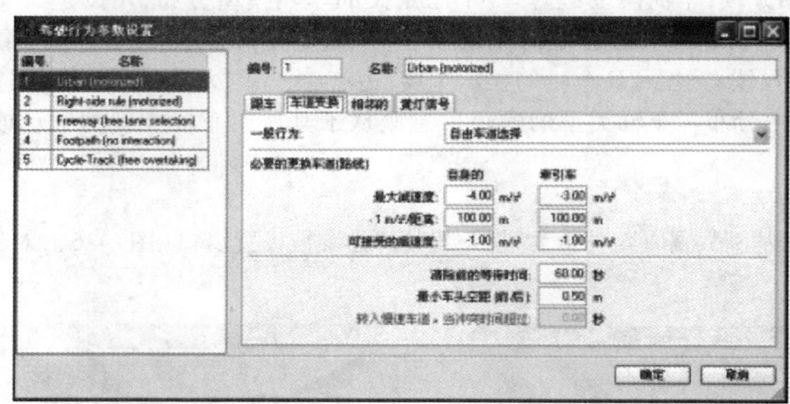

图 6-28

一般行为：自由车道选择——允许车辆在任何车道上超车；右行规则——仅当快车道车速高于 60km/h 时，允许快车道上运行的车辆超车。当快车道车速低于 60km/h，允许慢车道上运行车辆的速度差最大为 20km/h。

消除前的等待时间：车辆在紧急停车位置等待车道变换空挡出现的最大时间。达到该值时，车辆将从路网中消失，错误文件中将记录车辆消失的时间和位置。

最小车头空距：前后车间的最小车头间距。后车超越处于静止状态的前车时必须满足该条件。

转入慢速车道，当冲突时间超过：仅当车道变换行为设置为右行规则时使用。它描述了慢车道上前后车间的最小车头时距，使得快车道上的车辆可以变换车道到慢车道上。

（6）交通量输入（图 6-29）

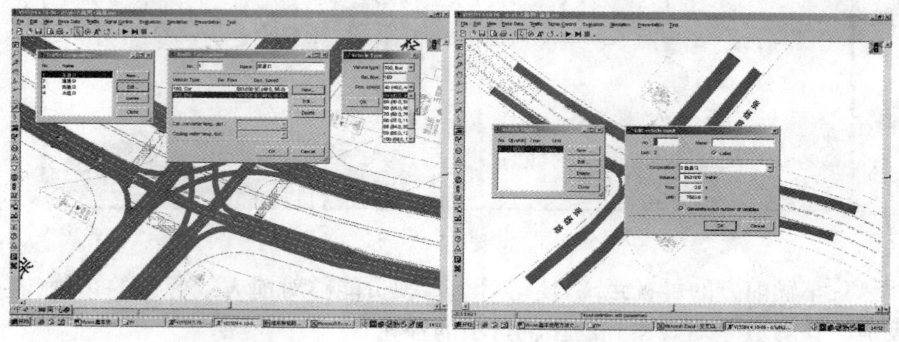

图 6-29

假定交叉口流量及车种如表 6-6 所示（veh/h）：

表 6-6

方向	车种	左转	直行	右转	小计	合计
东进口	小客车	110	320	120	550	700
	大客车	25	100	25	150	
南进口	小客车	150	550	50	750	950
	大客车	130	40	30	200	
西进口	小客车	200	470	80	750	850
	大客车	25	40	35	100	
北进口	小客车	150	650	100	900	1 000
	大客车	35	40	25	100	

①交通构成

依次选择:交通→交通构成,定义输入交通流量的交通构成。交通构成包括一种或多种车辆类型及其在输入交通流量中所占的相对比例,以及车速分布的列表。

A. 车辆类型

B. 相对流量

相应车辆类型在输入交通流量中所占的相对比例。交通构成定义完成后,VISSIM 将对所有的相对流量求和,计算出交通构成中的每种车辆类型在输入交通流量中所占的绝对比例。

C. 目标车速

车辆进入 VISSIM 路网时的车速分布。

D. 催化式排气净化器的温度分布和冷却水温度分布,仅与 VISSIM 排放模块一起使用。

②输入交通流量

A. 选择输入交通流量模式。

B. 选择需要定义输入交通流量的路段。

C. 鼠标左键双击该路段,打开车辆输入窗口。

D. 点击新建,创建一个新的输入交通流量;点击编辑,打开编辑车辆输入窗口,编辑已有的交通流量输入。

E. 定义输入交通流量属性。

(7)车流路径设定(图 6-30)

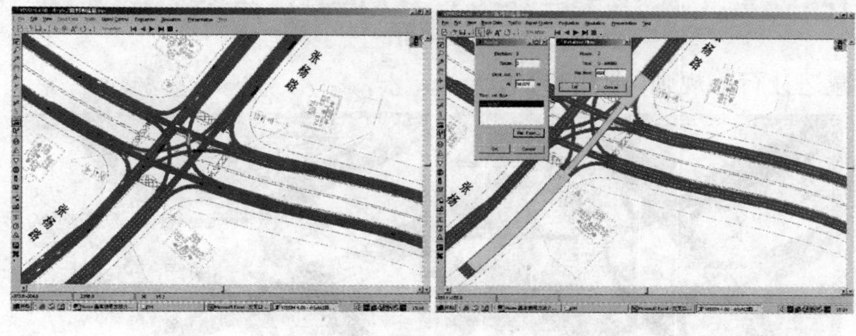

图 6-30

定义行驶路径:

A. 选择行驶路径决策模式。

B. 选择需要设置行驶路径决策起点的路段/连接器。

C. 在选定路段的目标位置点击鼠标右键,创建行驶路径决策起点(红线),同时打开行驶路径决策点窗口。

D. 选择需要设置行驶路径决策终点的路段/连接器。

E. 在选定路段的目标位置点击鼠标右键,创建行驶路径决策终点(绿线)。如果红线和绿线之间的连接器有效,则路段的连接序列显示为黄色粗线,同时弹出路径窗口,用户可以定义行驶路径的属性。

(8)信号控制方案

配时方案见表6-7。

表6-7

信 号 周 期	第 一 相 位	东 西 直 行	23
120s	第二相位	东西左转	29
	第三相位	南北直行	35
	第四相位	南北左转	25

依次选择:信号控制机→编辑信号控制机,打开信号控制机窗口(图6-31)。信号控制机的参数包括:

①编号:信号控制机的唯一编号。

②名称:标识或注释。

③周期:固定周期长度或可变周期长度(可变),单位为秒。

④相位差:单位为秒。

⑤类型:信号控制机类型和控制策略。

⑥信号灯组:打开信号灯组窗口。根据控制类型的不同,信号灯组的属性也不相同。

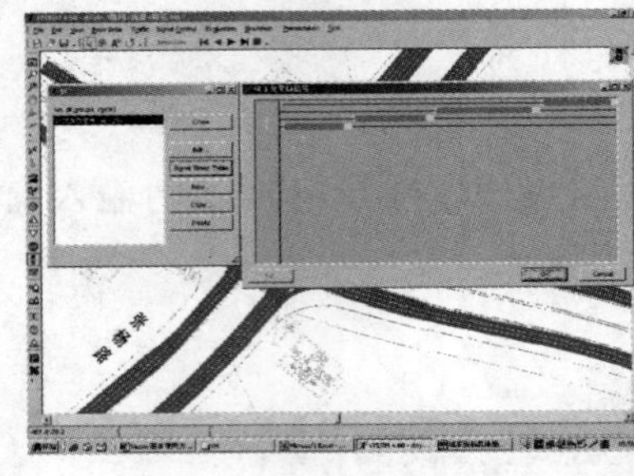

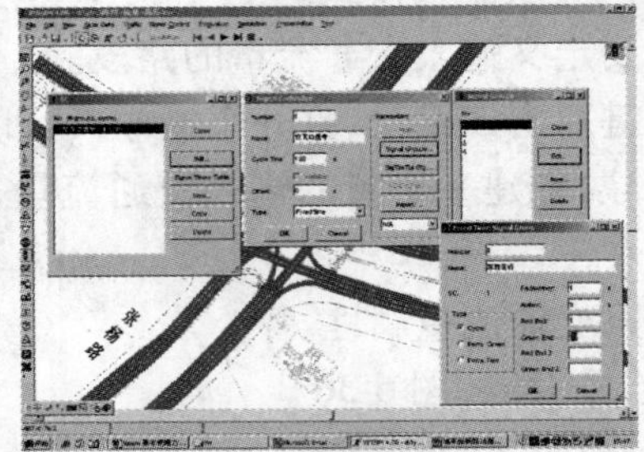

图 6-31

(9)设置减速让行等规则(图6-32)

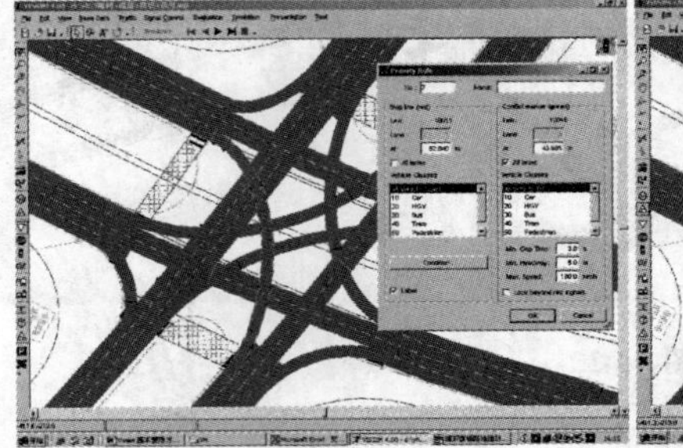

优先通行

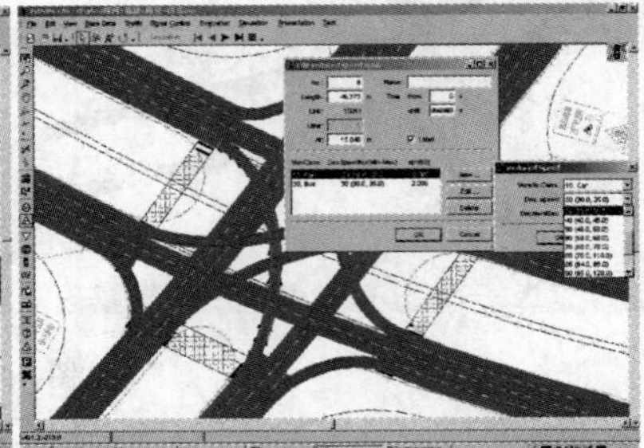

减速规则

图 6-32

①定义优先规则

优先规则包括至少一对横断面:停车线(红线)和一个或多个冲突标志(绿线),定义过程类似于静态路径。

A. 选择优先规则模式。

B. 选择需要设置停车线的路段/连接器。

C. 在选定路段上的目标位置点击鼠标右键,设置停车线。

D. 选择需要设置冲突标志的路段/连接器。

E. 在选定路段上的目标位置点击鼠标右键,设置冲突标志。冲突标志一般设置在冲突区的最后 2m 范围。同时,打开优先规则窗口。

F. 在优先规则窗口中,定义优先规则属性,点击确定。

②停车标志控制

VISSIM 组合使用优先规则和停车标志建模,利用停车标志控制交叉口。车辆遇到停车标志时,无论是否存在与其冲突的交通流,都必须停车。然后,根据优先规则处理冲突交通流。停车标志的编码步骤如下:

A. 选择停车标志模式。

B. 选择车辆必须停车的路段。

C. 在选定路段上的目标位置点击鼠标右键,创建停车标志(停车线)。

D. 编辑停车标志属性。

3. 输出结果分析

1)上机目的

掌握微观交通仿真模型评价指标的输出方法。

2)上机内容

练习仿真动画的输出方法,学会行程时间、延误、排队等交叉口评价指标的输出及参数设定。

3)上机指导过程

(1)仿真动画记录

依次选择:仿真→参数,打开仿真参数窗口,设置以下仿真参数。

①交通规则

右行/左行:指定车辆的标准行车位置(如英国和香港采用左侧通行)。它将影响高速公路上的驾驶行为(快车道上的超车行为)、已知路段的反向路段的位置、港湾式公交站点的位置。

②起始时间

时钟上显示的仿真运行开始时刻。依次选择:查看→状态栏→时间,显示时钟。对于动态交通分配,起始时间用于在合适的时间以 OD 矩阵的形式产生交通需求。这个时间值要与矩阵文件的设置相匹配。

③仿真步长

即一个仿真时钟内(1 ~ 10)计算车辆位置的次数。1 表示车辆在每个仿真时钟只移动 1 次;10 表示每个仿真时钟计算 10 次车辆的位置,这使得车辆运行更加平顺。仿真运行速度的变化与仿真步长呈反比。

④仿真时间

仿真运行时间长度。其中包括了仿真运行初期的准备时间。

⑤随机数

初始化随机数产生器。使用相同的输入文件和随机数,将产生相同的仿真运行结果。随机数不同,车辆的到达规律也不相同,因此可能导致仿真运行结果的差异。

⑥仿真运行速度

仿真时钟与实际时间的比值,单位为秒。如果选择最大值,仿真程序将以最快的速度运行。仿真运行速度的变化对仿真运行结果没有影响,因此可以在仿真运行期间对其进行调整。

⑦中断时间

仿真程序运行到该时刻时,VISSIM 自动切换到单步运行模式。使用该选项,可以在仿真运行期间有选择地观看某个特定时间的交通状况。

(2)仿真结果评价

①行程时间(图 6-33)

A. 选择行程时间检测模式。

B. 选择需要设置行程时间检测区段起点的路段。

C. 在选定路段上,点击鼠标右键,设置检测区段的起点。设置成功后显示为红线,在状态栏中可以查看该点的坐标。

D. 选择需要设置行程时间检测区段终点的路段(如有需要的话,使用聚焦或滚动条)。

E. 在选定路段上,点击鼠标右键,设置检测区段的终点。设置成功后显示为绿线,同时打开创建行程时间检测窗口。

输出文件是一个数据表,它包括检测区段的行程时间数值、通过检测区段的车辆数、检测时间间隔。

②延误(图 6-34)

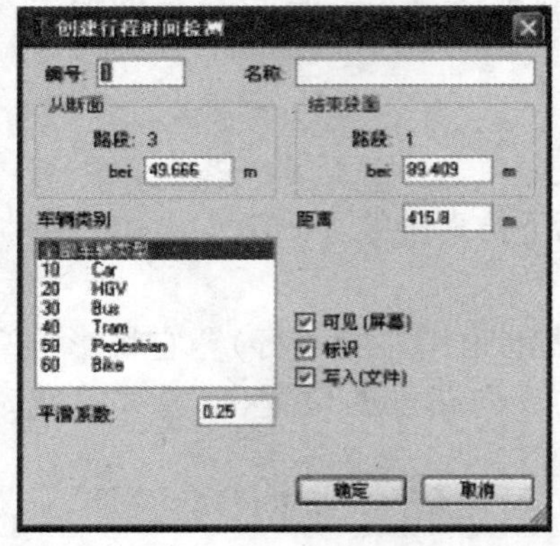

图 6-33

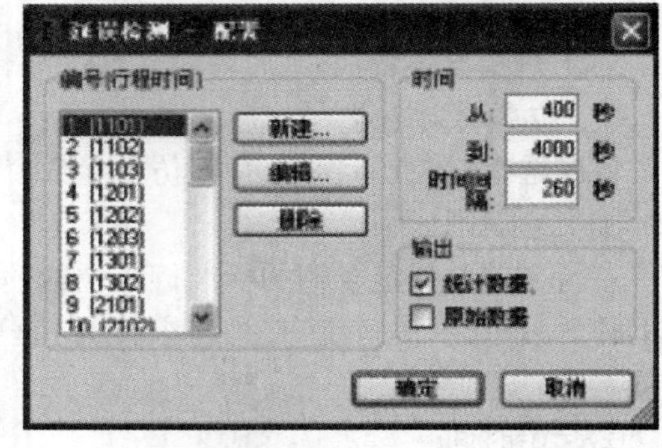

图 6-34

依次选择:评价→文件→延误→配置,配置延误的相关参数。

A. 编号(行程时间)

所有已定义的延误检测区段。每个延误检测区段由一个或多个行程时间检测区段组成(括号中所示)。

B. 时间

评价操作的起点、终点和时间间隔,单位:仿真时钟。

输出文件包括车均延误、停车延误、停车次数、通过车辆数、人均延误和通过的车辆数。

③数据采集点(图 6-35)

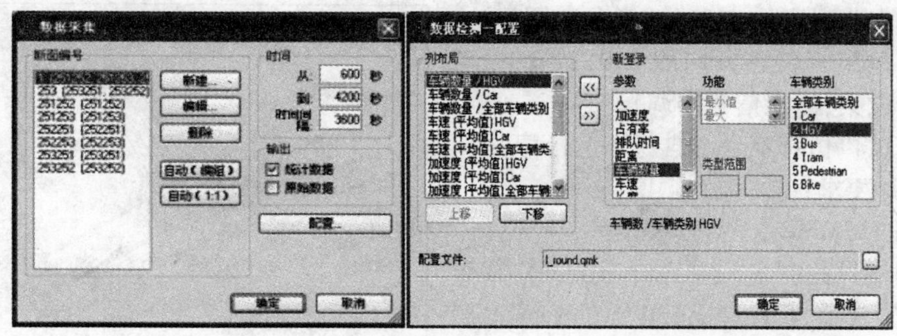

图 6-35

使用数据采集点可以进行单点数据采集操作。

A. 依次选择

评价→文件→数据采集点→配置,配置数据采集点的相关参数。

B. 断面编号

由所有已定义的数据采集单位及其数据采集点构成。可按住 < Ctrl > 键进行多选(一个数据采集单位包括一个以上的数据采集点)。

C. 时间

评价操作的起点、终点和时间间隔,单位:仿真时钟。

D. 配置

打开数据采集—配置窗口,选择数据采集单位的数据采集参数和输出文件格式。

④排队计数器(图 6-36)

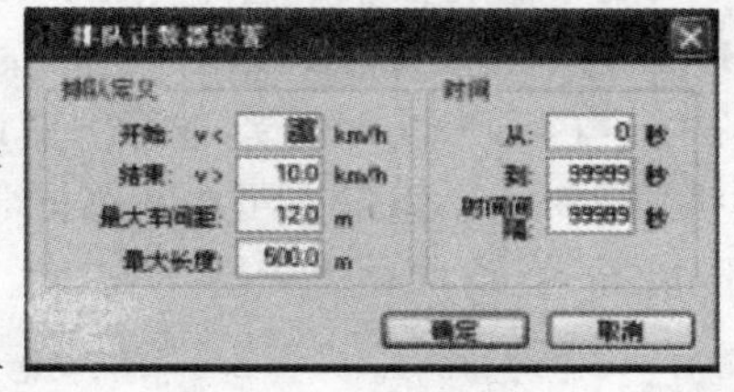

图 6-36

依次选择:评价→文件→排队长度→配置,配置排队计数器的相关参数。

A. 排队定义

根据车速定义车辆是否处于排队状态。开始:排队开始车速的上限值;结束:排队消散车速的下限值;最大车间距:车辆间的最大车头空距;最大长度:最大排队长度;时间:评价操作的起点、终点和时间间隔;单位:仿真时钟。排队计数器处于编辑状态时,在 VISSIM 路网外部点击鼠标右键,打开已定义的排队计数器列表。

B. 输出文件内容

平均排队长度:在每个仿真步长记录当前的排队长度,对检测时间间隔内测得的所有排队长度进行算术平均;最大排队长度:在每个仿真步长记录当前的排队长度,找出检测时间间隔内的最大排队长度;停车次数:排队车辆的停车次数。

4. 思考题

1)思考题一

(1)设计对象

以所给的 MS 交叉口为对象,设计交叉口的信号控制方案并进行仿真评价,提出相关改善意见或方案。

(2)设计条件

①交叉口流量示意图(图 6-37)。

②饱和车头时距取 2.0s(注意参数调整)。

③行人过街流量各方向取 150 人/h(只考虑 1 次过街方案,注意信号协调)。

④该交叉口仿真不考虑自行车运行情况。

(3)设计要求

①利用 VISSIM 建立仿真模型。

②利用信号控制有关方法设计交叉口信号控制方案(相位数、相序、相位组合方案;最好有两种以上不同控制方案)。

③以 7 200s 为仿真时段,且仿真初始 400s 不应包括在内。

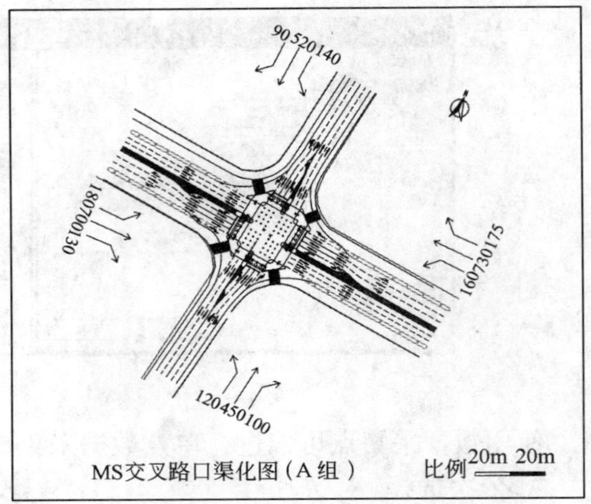

图 6-37

④仿真评价内容包括:各方向机动车车流的通过流量、停车次数(比例)、各进口道每一转向的延误时间及进口道的延误时间、各进口道每一转向的排队长度;各进口道服务水平;交叉口的总平均停车次数(比例)及延误时间;各方向行人过街延误情况。

注意:

对于直行车辆和左转车辆,延误及停车检测区间范围为停车线上游 100m 至停车线后 30m;对于右转车辆,该区间范围为停车线上游 120m 至汇入直行车道后 10m;采用 3 组不同的随机数(46,52,60)分别进行仿真评价,评价结果取其平均值。

⑤每一小组最多可由 3 名同学协作完成设计内容,并请注明各自在课程设计中完成的工作情况;鼓励独立完成。

2)思考题二

(1)设计对象

以所给的 PD 交叉口为对象,设计交叉口的信号控制方案并进行仿真评价。

(2)设计条件

①交叉口流量示意图(图 6-38)。

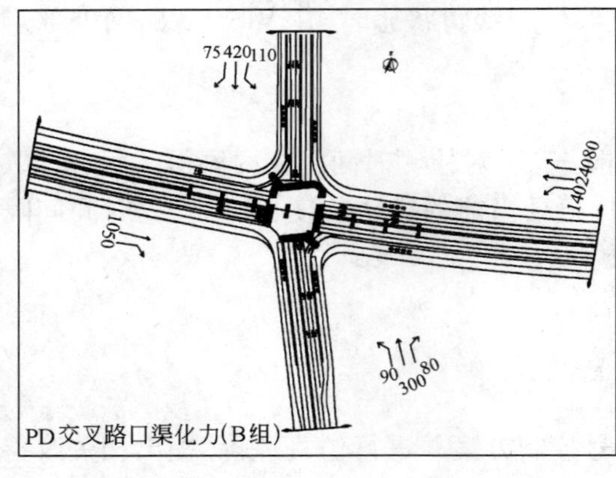

图 6-38

②饱和车头时距取 1.8s(注意参数调整)。

③各进口道自行车总流量取 300 辆/h,其转向比例为左转:直行:右转 = 20%: 55%: 25%;不考虑非机动车二次过街方案。

④本交叉口仿真暂不考虑行人过街情况。

(3)设计要求

①利用 VISSIM 建立仿真模型。

②利用信号控制有关方法设计交叉口信号控制方案(相位数、相序、相位组合方案;最好有两种以上不同控制方案)。

③以 7 200s 为仿真时段,且仿真初始 400s 应去除。

④仿真评价内容包括:各方向机动车车流的通过流量、停车次数(比例)、各进口道每一转

向的延误时间及进口道的延误时间、各进口道每一转向的排队长度；各进口道服务水平；交叉口的总平均停车次数（比例）及延误时间；各方向自行车在交叉口延误情况。

注意：

对于直行车辆和左转车辆，延误及停车检测区间范围为停车线上游100m至停车线后30m；对于右转车辆，该区间范围为停车线上游120m至汇入直行车道后10m；采用3组不同的随机数（48，50，55）分别进行仿真评价，评价结果取其平均值。

⑤每一小组最多可由3名同学协作完成设计内容，并请注明各自在课程设计中完成的工作情况；鼓励独立完成。

参考文献

[1] 本书编委会.交通工程手册.北京:人民交通出版社,1998.

[2] 徐吉谦.交通工程总论.北京:人民交通出版社,2002.

[3] 王炜.交通工程学.南京:东南大学出版社,2002.

[4] 张玉芬.道路交通环境工程.北京:人民交通出版社,2001.

[5] 王建军,严宝杰.交通调查与分析.北京:人民交通出版社,2004.

[6] 朱从坤,李宏萍,王炳辉.交通工程专业生产实习指导书.北京:人民交通出版社,2003.